JN280081

倉島節尚 編

宝菩提院本 類聚名義抄 和訓索引

大正大学出版会

宝菩提院本 類聚名義抄 和訓索引 凡例

一、本索引は『宝菩提院本類聚名義抄』（大正大学出版会）の和訓索引である。

二、和訓、該当漢字、宝菩提院本類聚名義抄における所在、観智院本類聚名義抄における所在、および注記からなっている。

三、和訓

① 和訓は原則として、『宝菩提院本類聚名義抄』（以下、底本と言う）に書かれているままに記すが、「小」「卩」は「ホ」、「ヿ」は「コト」とし、「心…」のように漢字が使われているところや「牛」のような略体が使われているところ、また仮名として使われている「子」「禾」などは片仮名に改め、底本の表記は注記欄に記した。

② 「イ／ヰ」「エ／ヱ」「オ／ヲ」等は底本のままにしてあるので、検索に際しては両方を見ていただきたい。

③ 稀に万葉仮名で書かれたところがあるが、見出しは片仮名で出し、万葉仮名は注記欄に記した。

④ 踊り字が用いられているところは、該当する仮名で埋めて見出しとし、底本の表記は注記欄に示した。

⑤ 片仮名で書かれていても、明らかに字音であるものは原則として採らなかったが、例外的に字音語も見出しにしたものがある。

⑥ 「ツムサク」のような場合は、検索の便宜を考えて、「ツンサク」の見出しも立てて注記欄に「↓ツムサク」とした。

⑦ 「ウマ〜」「ムマ〜」、「ウメ〜」「ムメ〜」は底本のままにしてあるので、検索に際しては両方を見ていただきたい。

⑧ 配列は、底本の仮名表記の五十音順によった
　別語であっても、和訓の片仮名表記が同じ形になるものは一緒にして、出現順に配列した。

⑨ 誤記・誤脱と思われるものも、そのまま見出しとした。正しい形が推測できるものは注記欄に記した。

⑩ 複合語とすべきか二語とすべきか判断に迷うものは、検索の便宜のため、複合語の見出しと語構成下部要素の見出しの両方を立てた。

⑪ 見出しの漢字の後に「同」とあるものは、前項の漢字と同じ和訓が与えられているものとして処理した。

⑫ 和訓には、別語形が傍書されていることがある。書写者の記入か後人の記入かの判別は困難であるので、すべて両語形が検

索できるように見出しを立て、傍書の語形には注記欄にその旨を記した。

⑬　助詞の「ノ」「ト」から始まる和訓があるが、そのままの見出しと、「ノ」「ト」を外した見出しの両方を掲げ、注記欄にその旨を記した。

四、該当漢字

①　活字を使用することによる制約があり、細部に写本と若干字形の相違する活字を使用したところがかなりある。その場合は注記欄に「字形小異」とことわった。

ただし、「骨」と「骨」、「虍」と「声」や点の有無などは、いちいちことわらなかった。したがって、漢字を問題にするときは必ず底本で確認していただきたい。

②　底本で、該当漢字が二字以上書かれている項目は、最初の一字だけを記すことを原則としたが、二字目以降に通行字体がある場合はそちらの漢字の活字で記した項目もある。

③　熟語の見出しには、該当漢字が「―」で省略されていることがあるが、該当漢字欄には「―」を漢字で埋めて示し、「―」で省略されていることは注記欄に記した。

五、所在

①　底本における所在は、大正大学出版会版複製のページを漢数字で、行を算用数字で示した。

②　観智院本類聚名義抄における所在は、風間書院版複製（「観本所在」とする）と八木書店版複製（「天本所在」とする）の両方について、ページを漢数字で、行を算用数字で示した。

なお、観智院本に該当する項目や和訓がない場合は、注記欄に「[観]なし」「[観]訓なし」と記した。

③　和訓がたくさんある漢字では、和訓が二行にわたって書かれていることがある。その場合は、該当漢字の位置ではなく、その和訓が書かれている行を示してある。

④　同じ行に同じ字形の漢字が書かれていて、区別する必要があるときは、「二段目」などと注記欄に記した。

六、底本で、汚損・虫損などにより読めなくなっている文字は、風間書院版複製および八木書店版複製によって補った。読めない文字は、注記欄に「×」を付けて示した。

複製では見えないが、別に存在するコピーでは確認できる部分があり、該当するものはその旨を注記欄に記した。

和訓索引

ア

和訓	漢字	宝本所在	観本所在	天本所在	注記
ア	扵	七九7	三二六5	三二八5	
	猗歟	一五一5	三八九3	三九一3	
アイツツシ	山榴	一二三2	三六四4	三六六4	アイツ、シ　ツ、×
アカク	揮	八一5	三一八1	三三〇1	カ×
アカシ	丹	九4	二六四8	二六六8	
	豝	九5	二六五1	二六七1	シ×
	頳	三三2	三八五6	三八七6	
	彤	四〇6	二九二3	二九四3	カ×
	朱	一一〇6	三五三5	三五五5	
アカタ	縣	二八5	二八一6	二八三6	
	縣	二八5	二八一6	二八三6	
アカツ	頒	二九6	二八二6	二八四6	ア傍書
	折	八六6	三三二5	三三四5	
アカフ	貿	二一2	二七五2	二七七2	
	購	二三一1	二七五8	二七七8	ア×
	眗	二三一1	二七五8	二七七8	
	贖	二三二2	二七六8	二七八8	
アカル	舩	一六7	二七一4	二七三4	

和訓	漢字	宝本所在	観本所在	天本所在	注記
	貫	二八2	二八一3	二八三3	
	摳	五四3	三〇四2	三〇六2	
	揚	六七1	三一五3	三一七3	揚×
	擲	七〇2	三一八1	三二〇1	
	播	八八7	三三四4	三三六4	ル×
アキト	題	三〇2	二八三1	二八五1	
アキナフ	賷	二〇5	二七四6	二七六6	字形小異
	貿	二一2	二七五2	二七七2	
	掾	九五4	三四〇1	三四二1	
アキヒト	賷	二〇5	二七四6	二七六6	字形小異
アキラカナリ	賷	二〇5	二七四6	二七六6	字形小異
	貿	二一2	二七五2	二七七2	
	顯	三八4	二九〇3	二九二3	字形小異
	拱	六九3	三一七3	三一九3	
	哲	七六4	三三三5	三三五	
	杲	一二八3	三六八8	三七〇8	
アキラカニ	觸	一六5	二七一2	二七三2	
	頬	三八1	二八九8	二九一8	
	顯	三八4	二九〇3	二九二3	ニ傍書、字形小異
	肆	四二1	二九三4	二九五4	
	揚	六七1	三一五3	三一七3	カ×、揚×

訓	字				備考
	招	六九6	三一七6	三一九6	ア×
	棭	一二四2	三六五3	三六七3	
アキラカニス	彰	四〇4	二九二1	二九四1	
アク	舟且	一七2	二七一6	三七三6	字形小異
	頓	三一2	二八三8	二八五8	
	捧	四九4	二九九8	三〇一8	
	抗	五一3	三〇一5	三一三5	ク傍書
	摳	五四3	三〇四2	三〇六2	ク傍書
	擯	五七4	三〇六8	三〇八8	
	摽	六一2	三一〇2	三一二2	
	措	六八7	三一六8	三一八8	措×
	舉	七二1	三一九6	三二一6	
	扛	七三1	三二〇4	三二二4	ア×、扛×
	挌	七八2	三二五1	三二七1	
	挑	八三6	三二九8	三三一8	
	推	八四2	三三〇3	三三二3	
	掀	八七7	三三三5	三三五5	
	握	八八2	三三三7	三三五7	
	提	九三7	三三八6	三四〇6	アク馬
	楊梅	九九3	三四三5	三四五5	
	杭	一一六4	三五八5	三六〇5	
アクタ	扱	七〇6	三一八5	三二〇5	
アクタハラフ	攘	九六2	三四〇6	三四二6	ア×

訓	字				備考
アクル	揚	六七1	三一五3	三一七3	揚×、ク傍書
アケクタスニ	裒貶	二三3	二七一1	二七九1	
アケタリ	抗	五一3	三〇一5	三〇三5	
	扤	五一4	三〇一6	三〇三6	
アケテ	艕	八6	二六四3	二六六3	
	招	六九6	三一七6	三一九6	
アケノヒツ	膳櫃	一二〇6	三六二3	三六四3	「膳—」
アケマキ	総角	一四6	二六九5	二七一5	「総—」
アケル	擢	六五7	三一四3	三一六3	
アサ	贅	二一4	二七五4	二七七4	
アサカホ	種	一一四4	三五六7	三五八7	
	樓	一二九3	三六九7	三七一7	
アサク	攉	四九6	三〇〇2	三〇二2	
アサナハレリ	探	六五6	三一四2	三一六2	
アサハル	挈	六三7	三一二5	三一四5	
アサハレル	札	一一六7	三五八8	三六〇8	
アサムク	欺	二八1	二八一2	二八三2	
アサル	搜	五七2	三〇六6	三〇八6	
	捼	六八5	三一六6	三一八6	
	梁	一〇四7	三四八4	三五〇4	ア×、ル×
アシ	挃	七六5	三二三6	三二五6	
アシカシ	械	一一二2	三五四7	三五六7	
	梏	一二二7	三六四2	三六六2	

和訓	漢字	宝本所在	観本所在	天本所在	注記
	桯	一二八7	三六九4	三七一4	
アシトテヒク	椅	一〇七4	三五〇6	三五二6	
アシトル	椅	一〇七4	三五〇6	三五二6	
アシワケノツクヱ	足別案	一三一2	三七一4	三七三4	「足別―」アシ禾ケノツクヱ
アシヲ	攣	六九5	三一七5	三一九5	
アソフ	擾	七四7	三二二2	三二四2	ア×
アタ	賊	二六7	二八〇2	二八二2	タ×
アタヒ	賈	二三1	二七六7	二七八7	
アタフ	資	二〇1	二七四2	二七六2	
	貺	二〇5	二七四6	二七六6	タ×
アタマ	賚	二一5	二七六4	二七八4	
	頔	三三6	二八六2	三八八2	
	頷	三九4	二九一2	三九三2	
アタル	贖	二三2	二七六8	二七八8	
	顧	三〇5	二八三4	二八五4	
	挈	六三6	三一二4	三一四4	
	抵	七六2	三三三3	三三五3	
	拒	七九3	三二六1	三二八1	
	擬	九三5	三三八4	三三八4	
アツ	扤	七六2	三三三3	三三五3	アツ×

和訓	漢字	宝本所在	観本所在	天本所在	注記
アツカル	領	三一5	二八四3	二八六3	
	顮	三四1	二八六4	二八八4	
アツクツケタルニ	渥丹	九4	二六四8	二六六8	
アツサ	梓	一〇五4	三四八8	三五〇8	梓×
アツシ	掔	五二7	三〇二8	三〇四8	シ×
アツマル	揖	五四4	三〇四3	三〇六3	
	捐	五四4	三〇四3	三〇六3	
	攢	七四2	三二一5	三二三5	マル傍書
	捴	七八7	三二五6	三二七6	字形小異
	欑	一三五7	三七五5	三七七5	マル傍書
	猥	一五一3	三八九1	三九一1	
アツム	贅	二一4	二七五4	二七七4	
	攬	五三2	三〇三2	三〇五2	
	攢	七四2	三二一5	三二三5	
	挨	七六7	三二三8	三二五8	ア×
	攙	八六2	三三二1	三三四1	
	押	八八5	三三四2	三三六2	
	搆	九二7	三三七8	三三九8	字形小異
	捄	九四4	三三九2	三四一2	
	桴	一〇五6	三四九2	三五一2	
	欑	一三五7	三七五5	三七六5	

	森	一四八2	三八六3	三八八3	
アツユ	掔	五三3	三〇三3	三〇五3	
アテ	椹	一〇八7	三五一1	三五四1	
アテハカル	擬	九三5	三三八4	三四〇4	
アテマウケテ	擬	九三5	三三八4	三四〇4	
アテヤカナリ	貴	二二7	二七六6	二七〇6	ア×
アト	臭	一三三2	三七三2	三七五2	
アナカチ	頒	二九6	二八二6	二八四6	
アナクル	捜	五七2	三〇六6	三〇八6	
	捝	五七2	三〇六6	三〇八6	
	扶	六一7	三一〇7	三一二7	
	撿	六五4	三一三8	三一五8	
	拈	九二4	三三七4	三三九4	ク×
	括	九二5	三三七5	三三九5	
	獵	一五三1	三九〇5	三九二5	
アナツル	擾	八九1	三三四5	三三六5	
	狎	一五二6	三九〇3	三九二3	
アナナヒ	麻柱	一二八6	三六九3	三七一3	アナ、ヒ
アハカラ	榛	一〇九5	三五二5	三五四5	
アハキ	檍	一一四6	三五七1	三五九1	ハキ×
アハク	擭	六七2	三一五4	三一七4	字形小異
	撤	七七4	三二四4	三二六4	字形小異
	撥	八七1	三三二7	三三四7	

アハクス	頽	三八7	二九〇6	二九二6	ス傍書
アハクル	頽	三八7	二九〇6	二九二6	
アハス	揖	五四3	三〇二2	三〇六2	
	捧	六三1	三一一7	三一三7	
アハタ	饋	一二1	二六七2	二六九2	
アハタコ	饋	一二1	二六七2	二六九2	
アハツ	頽	三八7	二九〇6	二九二6	
	狼狽	一五〇5	三八八4	三九〇4	
アヒ	棒	一〇〇4	三四四5	三四六5	
	柲撃	一一四1	三五六4	三五八4	「—撃」
	櫗	一一四2	三五六5	三六七5	
アヒクヒ	柲	一一四1	三五六4	三五八4	ア×、柲×
アヒタ	項	三一7	二八四5	二八六5	
	項	三一1	二八四6	二八六6	ア×
アフ	貴	二二7	二七六6	二七八6	
	贖	二三2	二七六8	二七八8	
	栝	一一〇4	三五三3	三五五3	
	杏	一二八2	三六八7	三七〇7	
	相	一三三2	三七三2	三七五2	フ×
	檠	一四六3	三八四6	三八六6	
	猷	一五一7	三八九5	三九一5	
アフク	題	三〇4	二八三3	二八五3	
	掖	七八3	三二五2	三二七2	

和訓	漢字	宝本所在	観本所在	天本所在	注記
アフコ	朸	一二一6	三六三2	三六五2	
アフチ	楝	一〇一7	三四五7	三四七7	
アフチノキ	楄	一三一1	三七二2	三七四2	
アフル	播	八八7	三三四4	三三六4	
アヘタチハナ	橙	一一二1	三五四6	三五六6	
アマシ	棠	一〇四2	三四七7	三四九7	
アマル	贉	二四3	二七七8	二七九8	
	瞎	二五3	二七八7	二八〇7	
アマネシ	賙	二四4	二七八1	二八〇1	アマ子シ
	拾	六四1	三一二6	三一四6	ア×
	播	八八7	三三四4	三三六4	アネ×
アマリ	栟	一〇八4	三五一5	三五三5	
アミヒク	抴	六二6	三一一5	三一三5	
アヤシ	猗ゝ	一五一4	三八九2	三九一2	
アヤツリ	操	六八2	三一六3	三一八3	
	機	九二6	三三七6	三三九6	
アヤツル	攡	五四4	三〇四3	三〇六3	
	捐	五四5	三〇四4	三〇六4	
	操	六八2	三一六3	三一八3	
	擽	六九1	三一七1	三一九1	
	抑	九三4	三三八3	三四〇3	
アヤマツ	獿	一五九3	三九六1	三九八1	
アヤメタム	地楡	一〇七7	三五一1	三五三1	
アラアラシ	抵	七六1	三二三2	三二五2	アラ〱シ
	摧	八五4	三三一4	三三三4	アラ〱シ
	榷	一一五6	三五七8	三五九8	アラ〱シ
アラカシメ	顪	三四1	二八六4	二八八4	字形小異
アラシ	榷	一一五6	三五七8	三五九8	
アラス	髫	四六3	二九四8	二九六8	ラ×
アラソフ	角	一四4	二六九3	二七一3	
	揩	七四1	三二一4	三二三4	
アラタシ	換	八八6	三三四3	三三六3	
アラタム	投	九二1	三三七2	三三九2	
アラハス	顯	三八4	二九〇3	二九二3	字形小異
	形	四〇3	二九一8	二九三8	四段目
	彰	四〇4	二九二1	二九四1	ハ×
	摽	六一2	三一〇2	三一二2	
	揚	六七1	三一五3	三一七3	揚×
アラハナリ	顯	三八4	二九〇3	二九二3	ナリ傍書、字形小異
アラハル	形	四〇3	二九一8	二九三8	
	掲	六六6	三一五1	三一七1	
	揚	六七1	三一五3	三一七3	揚×

アラフ	擯	五七4	三〇六8	三〇八3	
	揩	七四1	三二一4	三二三4	ア×
アリ	扢	五一4	三〇一6	三〇三6	
アリノヒフキ	桔梗	一二二7	三六四2	三六六2	
アレタリ	榾	一四五6	三八四2	三八六2	字形小異
	猾	一五二2	三八九7	三九一7	字形小異
アヲカツラ	解離	一五1	二六九7	二七一7	「一離」

イ

イ					↓ヰ
イカ	烏賊	二六7	二八〇2	二八二2	
イカタ	艀	九2	二六四6	二六六6	
	桴	一〇五6	三四九2	三五一2	
イカル	狝	一四九7	三八七7	三八九7	
	狋	一五一1	三八八7	三九〇7	
イキス	海髪	四七4	二九五8	二九七8	「海一」イキ爪
イキトホリ	懐抱	五〇3	三〇〇6	三〇二6	
イキトホル	欝	一四九2	三八七2	三八九2	
イキホヒ	擢	四九6	三〇〇2	三〇二2	
イク	貯	二〇4	二七四5	二七六5	
イクサ	獸	一五三7	三九一3	三九三3	
イクサフネ	艨艟	八1	二六三6	二六五6	「一艟」

イコフ	賦	二六3	二七九6	二八一6	イ×
	頣	三四5	二八六8	二八八8	
	掲	六六6	三一五1	三一七1	フ×
	捿	九二6	三三七6	三三九6	
イサカフ	摧	八四2	三三〇3	三三二3	
	賁	二七4	二八〇6	二八二6	
イサム	揆	七三2	三二〇6	三二二6	
	猛	一五一5	三八九3	三九一3	
イシナク	擲	七〇2	三一八1	三二〇1	擲×
イソカハシ	敕撐	四八3	二九九1	三〇一1	「敕一」
イソク	角	一四4	二六九3	二七一3	
	賣	二三1	二七六7	二七八7	
	擾	七四7	三二二2	三二四2	イ×
	攘	九四7	三三九5	三四一5	
イタ	板	一〇九1	三五二1	三五四1	タ×、板×
イタク	把	四九7	三〇〇3	三〇二3	
	抱	五〇2	三〇〇5	三〇二5	
	拱	六九3	三一七3	三一九3	字形小異、イ傍書
イタス	擾	七五1	三二二3	三二四3	ク×
	貸	二八3	二八一4	二八三4	
イタタキ	頂	二九5	二八二5	二八四5	イタ、キ
	頟	二九5	二八二5	二八四5	イタ、キ
	顚	三四2	二八六5	二八八5	イタ、キ

和訓	漢字	宝本所在	観本所在	天本所在	注記
イタタク	頂	二九5	二八二5	二八四5	イタ、ク
イタチ	狸	一五〇2	三八八1	三九〇1	
	鼠狼	一五〇4	三八八3	三九〇3	「鼠—」
	𤞟	一五二5	三九〇2	三九二2	
イタチハシカミ	楊枡	一一九6	三六一4	三六三4	「楊—」字形小異
イタツカハシ	煩	三九6	二九一4	二九三4	
イタツキ	平題	三九6	二九一4	二九三4	「平—」
イタツラ	捎	五九3	三〇八5	三一〇5	
イタハル	賢	一九7	二七四1	二七六1	
イタヒ	木連子	九八2	三四二5	三四四5	「—連子」ヒ×
	折傷木	九八2	三四二5	三四四5	「折傷—」ヒ×
イタム	彫	四〇5	二九二2	二九四2	
	捿	九二6	三三七6	三三九6	
	楚	一四八7	三八六8	三八八8	
イタル	般	五5	二六一5	二六三5	
	頭	二八7	二八一8	二八三8	
	抱	五〇2	三〇〇5	三〇二5	
	揥	五六1	三〇五6	三〇七6	
	掲	六六6	三一五1	三一七1	
	𢭏	六九2	三一七2	三一九2	ル×
	搋	七六1	三三三2	三三五2	搋×
	抵	七六2	三三三3	三三五3	
	扜	七六3	三三三4	三三五4	
	撽	七七3	三二四3	三二六3	
	挌	七八2	三二五1	三二七1	
	拒	七九3	三二六1	三二八1	
	摧	八四2	三三〇3	三三二3	
	投	九一1	三三七2	三三九2	
	捉	九二2	三三七3	三三九3	
	格	一〇一5	三四五5	三四七5	
	栝	一一〇4	三五三3	三五五3	
	𢭏	一三五3	三七五1	三七七1	
	柸	一三六6	三七六3	三七八3	
	杞	一三六6	三七六3	三七八3	杞×
	戻	一五一7	三八九5	三九一5	
イチイノカサ	櫟梂	一二三6	三六四8	三六六8	「—梂」
イチクラ	肆	四一7	二九三3	二九五3	
イチシルシ	掲	六六6	三一五1	三一七1	
	掲焉	六七1	三一五3	三一七3	ルシ×
	栔	一三九1	三七八3	三八〇3	
イチヒ	橡實	一一四3	三五六6	三五八6	
	櫟	一二三6	三六四8	三六六8	

イチヰ	栖	一〇四5	二四八2	三五〇2	
イツ	挺	七一5	三一九3	三二一3	ツ×
イツカヘリオツ	顚墜	三四3	二八六6	二八八6	「―墜」
イツクシ	拎	七九7	三二六5	三二八5	
イツハル	攉	四九5	三〇〇1	三〇二1	
	抲	九四2	三三八8	三四〇8	
イトナム	狂	一六〇7	三九七4	三九九4	
	挑	八三6	三二九8	三三一8	
イトノフシ	纇	三九3	二九一1	二九三1	
イトフ	猒	一六〇6	三九七3	三九九3	
イトム	挑	八三6	三二九8	三三一8	
	排	八三7	三三〇1	三三二1	
イトヨル	捲	六七7	三一六1	三一八1	
イヌ	大	一四九5	三八七5	三八九5	犬の誤
	猗	一五一2	三八八8	三九〇8	字形小異
	獷	一五六2	三九三3	三九五3	
イヌキ	櫪	一三四7	三七四6	三七六6	字形小異、クヌキの誤か
イヌノキツナ	攣	六九5	三一七5	三一九5	犬ノキツナ
イヌノコ	猥	一五一3	三八九1	三九一1	
イノル	拄	七六5	三二三6	三二五6	
	誓	九五4	三四〇1	三四二1	
イハクミ	巻栢	一三二6	三七二7	三七四7	「巻―」
イハコケ	巻栢	一三二6	三七二7	三七四7	「巻―」

イヒ	械	一一二5	三五五2	三五七2	
イヒマ	栖	一〇二2	三四六1	三四八1	
イヒル	抋	七八6	三二五5	三二七5	
イフ	攄	五五7	三〇五5	三〇七5	
	相	一三三3	三七三2	三七五2	
	猶	一五〇2	三八八1	三九〇1	
イフカシ	欝	一四九2	三八七2	三八九2	字形小異
イホテ	椀	一三八6	三七八1	三八〇1	クホテの誤
イマ	肆	四一7	二九三3	二九五3	
イマシム	角	一四4	二六九3	二七一3	
	肆	四二1	二九三4	二九五4	
	禁	一四九1	三八七1	三八九1	
イマタシ	未	一三三6	三七三6	三七五6	マ×
イマタ・スマシ	未	一三三7	三七三7	三七五7	タ×
イマタ・・セス	未	一三三6	三七三6	三七五6	タ×
イム	禁	一四九1	三八七1	三八九1	
イヤイヤ	頻	三〇4	二八三3	二八五3	イヤ〱
イヤシ	賤	二六6	二八〇1	二八二1	
	賎	二六7	二八〇2	二八二2	
	貧	二七6	二八〇8	二八二8	字形小異
	攉	四九6	三〇〇2	三〇二2	イ×
	猥	一五一3	三八九1	三九一1	
イヤシシ	頩	四〇1	二九一6	二九三6	下のシ傍書

和訓	漢字	宝本所在	観本所在	天本所在	注記
イヤシフ	頩	四〇1	二九一6	二九三6	
イヨイヨ	森	一四八2	三八六3	三八八3	イヨ〱
イヨヨカナリ	搽	六八2	三一六3	三一八3	イヨ、カナリ
	森	一四八2	三八六3	三八八3	イヨ、カナリ
イラフ	接	九三6	三三八5	三四〇5	
イララ	橈	一三一6	三七一8	三七三8	→キノイララ
イル	貯	二〇4	二七四5	二七六5	
	肭	二八2	二八一3	二八三3	
	顩	三四1	二八六4	二八八4	字形小異
	扵	七九7	三二六5	三二八5	
イルル	格	一〇一5	三四五5	三四七5	イル、
イロ	頩	四〇1	二九一6	二九三6	
	彩	四一1	二九二5	二九三5	
イロトリ	采	一〇六3	三四九6	三五一6	
イロトル	丹臒	九4	二六四8	二六六8	「―臒」ル×
	彩	四一1	二九二5	二九四5	
	採	九一5	三三六7	三三八7	
	采	一〇六3	三四九6	三五一6	
イロフ	掲	六六6	三一五1	三一七1	イコフの誤
	栖	一〇二2	三四六1	三四八1	

ウ

和訓	漢字	宝本所在	観本所在	天本所在	注記
ウ	撣	五五6	三〇五4	三〇七4	
	獲	一五三3	三九〇7	三九二7	
ウカカフ	格	一〇一5	三四五5	三四七5	ウカ、フ
	𤢄	一五九2	三九五8	三九七8	[観]は狟
ウカツ	扶	六二2	三一一1	三一三1	カ×
	撤	七七4	三二四4	三二六4	字形小異
	掘	八一1	三一七5	三一九5	
ウカフ	搖	九〇1	三三五4	三三七4	
ウカラ	瞶	二七7	二八一1	二八三1	
	頙	三九1	二九〇7	二九二7	ウカ、フの誤写、[観]も同じ
ウキキ	浮木	九八4	三四二7	三四四7	「浮―」ウキ、
	槎	一二四7	三六五8	三六七8	
ウキハシ	浮橋	一二三6	三六四1	三六六1	「浮―」
ウク	賕	二一7	二七五7	二七七7	
	乗	七二4	三一〇1	三一二1	
	授	九五1	三三九6	三四一6	
ウケタマハル	乗	七二4	三一〇1	三一二1	

ウコカス	抏	五一2	三〇一4	三〇三4	
	抗	五一4	三〇一5	三〇三5	
	扡	五一5	三〇一7	三〇三7	ウ×
	擊	五三7	三〇三7	三〇五7	字形小異
	撼	五五5	三〇五3	三〇七3	
	擺	六三5	三一二3	三一四3	字形小異
	扮	六四6	三一三3	三一五3	
	揚	六七1	三一五3	三一七3	揚×
	挻	七一5	三一九3	三二一3	
	揔	七九1	三二五7	三二七7	カス×
	揮	八一6	三二八2	三三〇2	
	振	八一6	三二八2	三三〇2	
	擲	八七2	三三二8	三三四8	ウコ×
	擺	八八1	三三三6	三三五6	
	擡	八八2	三三三7	三三五7	字形小異
	播	八八7	三三四4	三三六4	
	撓	八九4	三三四8	三三六8	
	搖	九〇1	三三五4	三三七4	
	杌	一一六5	三五八6	三七〇6	
ウコク	觸	一六5	二七一2	二七三2	ク×
	頷	三一5	二八四3	二八六3	
	摵	五五4	三〇五2	三〇七2	
	掐	五八5	三〇七8	三〇九8	

ウシ	捍	六三4	三一二2	三一四2	コ×
	揣	七〇1	三一七8	三一九8	コ×
	振	八一6	三二八2	三三〇2	ク傍書
	擲	八七2	三三二8	三三四8	ウコ×、ク傍書
	搖	九〇1	三三五4	三三七4	ク傍書
	拂	九四3	三三九1	三四一1	
	括	五六5	三〇六2	三〇八2	
ウシノコツノ	䚡	一六3	二七〇8	二七二8	牛ノコツノ
ウシノハナキ	桊	一〇〇6	三四四7	三四六7	牛ノハナキ
ウス	推	八四1	三三〇2	三三二2	ス傍書、［観］朱書
ウソソク	𤞟	一五四5	三九一8	三九三8	ウソ、ク、ソ×
ウタ	貲	二一5	二七五5	二七七5	
ウタカフ	猜	一五五7	三九三1	三九五1	ウ×
ウタク	抱	五〇2	三〇〇5	三〇二5	
	拱	六九3	三一七3	三一九3	
	携	八四3	三三〇4	三三二4	字形小異
ウタチ	杌	一一六5	三五八6	三六〇6	
	梳	一一七5	三五九5	三六一5	
	柆	一三六6	三七六3	三七八3	
	枘	一三七1	三七六5	三七八5	ウ×、チ×、枘×
ウタフ	賦	二六4	二七九7	二八一7	
	債	一五六1	三九三2	三九五2	
ウタヘ	獄	一五三6	三九一2	三九三2	

和訓	漢字	宝本所在	観本所在	天本所在	注記
ウチ	資	二〇1	二七四2	二七六2	
	鞭撻	六八4	三一六5	三一八5	「鞭—」
ウチカク	搭	六五6	三一四2	三一六2	
ウチクヒ	杙	一一一7	三五四5	三五六5	
ウチケツ	摸	六六6	三一五1	三一七1	摸×
	擈	六七3	三一五5	三一七5	
ウチハラフ	擺	六三5	三一二3	三一四3	字形小異
	擺	八七7	三三三5	三三五5	字形小異
ウチワル	掊	六二5	三一一4	三一三4	
ウツ	觸	一六5	二七一2	二七三2	
	奉	四九3	二九九7	三〇一7	
	抛	五一1	三〇一3	三〇三3	
	扰	五一1	三〇一3	三〇三3	
	捥	五一6	三〇一8	三〇三8	
	摯	五二2	三〇二3	三〇四3	
	拮	五二6	三〇二7	三〇四7	
	擊	五三7	三〇三7	三〇五7	字形小異
	扫	五四1	三〇三8	・三〇五8	
	擊	五四1	三〇三8	三〇五8	
	摳	五四3	三〇四2	三〇六2	
	控	五七5	三〇七1	三〇九1	

和訓	漢字	宝本所在	観本所在	天本所在	注記
	㨉	五八4	三〇七7	三〇九7	
	搯	五八5	三〇七8	三〇九8	ツ×
	掐	五八6	三〇八1	三一〇1	
	拍	五八7	三〇八2	三一〇2	
	搗	五九1	三〇八3	三一〇3	
	捎	五九3	三〇八5	三一〇5	
	拼	五九7	三〇九1	三一一1	
	扑	六〇1	三〇九2	三一一2	
	摽	六一3	三一〇3	三一二3	
	抶	六二2	三一一1	三一三1	抶×
	扶	六二2	三一一1	三一三1	
	搨	六五7	三一四3	三一六3	
	擢	六六1	三一四4	三一六4	
	撲	六七2	三一五4	四一七4	
	擈	六七3	三一五5	三一七5	
	擈	六七3	三一五5	三一七5	
	[扌者]	六七6	三一五8	三一七8	
	捲	六七7	三一六1	三一八1	ウ×
	撻	六八4	三一六5	三一八5	
	鞭撻	六八4	三一六5	三一八5	「鞭—」
	抧	六九5	三一七5	三一九5	

批	六九7	三一七7	三一九7	ツ×
擲	七〇2	三一八1	三二〇1	
擿	七〇3	三一八2	三二〇2	
摘	七〇4	三一八3	三二〇3	
搥	七〇5	三一八4	三二〇4	字形小異
捶	七〇5	三一八4	三二〇4	
搥	七〇7	三一八6	三二〇6	ツ×、搥×
撾	七一3	三一九1	三二一1	字形小異
挻	七一6	三一九4	三二一4	
抖	七二3	三一九8	三二一8	
椓	七二6	三二〇3	三二二3	
掾	七二6	三二〇3	三二二3	
担	七三3	三二〇7	三二二7	
掍	七三7	三二一3	三二三3	
撞	七五7	三二三1	三二五1	
搋	七六1	三二三2	三二五2	搋×
抵	七六2	三二三3	三二五3	
搒	七八2	三二五1	三二七1	
挌	七八2	三二五1	三二七1	
抋	七八6	三二五5	三二七5	
擽	七九6	三二六4	三二八4	
扵	八〇1	三二六6	三二八6	
拊	八一4	三二七8	三二九8	

擘	八二5	三二八8	三二八8	字形小異
擘	八二6	三二九1	三三一1	字形小異
擗	八二6	三二九1	三三一1	字形小異、和訓重出
撩	八三2	三二九4	三三一4	
推	八四1	三三〇2	三三二2	
摧	八五4	三三一4	三三三4	
搏	八五5	三三一5	三三三5	
搏	八五5	三三一5	三三三5	
捉	八六1	三三一1	三三三1	
旋	八六1	三三一8	三三三8	
棟	八六1	三三一8	三三三8	[観] 訓ナシ
摐	八六1	三三一8	三三三8	字形小異
摐	八六2	三三二1	三三四1	字形小異
潮	八七3	三三三1	三三五1	
擣	八七6	三三三4	三三五4	
捎	八八3	三三三8	三三五8	
押	八八5	三三四2	三三六2	
擽	八九3	三三四7	三三六7	
撰	九〇7	三三六2	三三八2	
撞	九一5	三三六7	三三八7	
投	九二1	三三七2	三三九2	
揳	九二3	三四二3	三四四3	
打	九二4	三三七4	三三九4	

和訓	漢字	宝本所在	観本所在	天本所在	注記
	撫	九三1	三三七7	三三九7	
	扣	九三4	三三八3	三四〇3	
	提	九三7	三三八6	三四〇6	
	拂	九四3	三三九1	三四一1	
	撍	九五4	三四〇1	三四二1	
	格	一〇一5	三四五5	三四七5	
	柣	一一〇6	三五三5	三五五5	
	椓	一一四1	三五六4	三五八4	椓×
	椎	一一五4	三五七6	三五九6	
	杬	一一六3	三五八4	三六〇4	
	柲	一三一1	三七一3	三七三3	
	柏	一三三5	三七二6	三七四6	
	栢	一三三5	三七二6	三七四6	
	楚	一四八7	三八六8	三八八6	
ウツキ	槍	一〇七7	三五一1	三五三1	
	楊櫨	一一一4	三五四2	三五六2	「楊―」
	枇	一一八6	三六〇5	三六二5	ツ×
ウツクシ	猑	一六〇7	三九七4	三九九4	
ウツクシフ	樂	一二三7	三六五1	三六七1	
ウツス	撙	五九6	三〇八8	三一〇8	字形小異
	摸	六七4	三一五6	三一七6	

和訓	漢字	宝本所在	観本所在	天本所在	注記
	捲	六七7	三一六1	三一八1	
	捫	七五5	三二二7	三二四7	
	擗	八二6	三二九1	三三一1	ス×、字形小異
ウツハリ	模	一一九2	三六〇8	三六二8	
	梁	一一三2	三五五6	三五七6	
	机	一一七2	三五九2	三六一9	
ウツフク	掾	六六5	三一四8	三一六8	
	撢	七八5	三二五4	三二七4	
ウツム	擿	七〇3	三一八2	三二〇2	
ウテ	捥	五一6	三〇一8	三〇三8	
ウテナ	橄	一二三5	三六四7	三六六7	
ウトシ	摸	六七4	三一五6	三一七6	
ウナカミ	鬣	四二7	二九六8	二九八8	字形小異
	鬐	四四3	二九八2	三〇〇2	鬐×
ウナシ	額	二九3	二八二3	二八四3	
	項	三一7	二八四5	二八六5	
	頋	三九4	二九一2	二九三2	字形小異
ウナツク	點額	二九4	二八二4	二八四4	
	頷	三一5	二八四3	二八六3	
	領許	三一6	二八四4	二八六4	
ウナヒ	髫髮	四七5	二九六1	二九八1	「髫―」

ウナヰ	髡	四五7	二九四5	二九六5	
ウニノケ	芒角	一四6	二六九5	二七一5	「芒—」
ウハフ	掠	七八4	三二五3	三二七3	ウ傍書
ウフ	播	八八7	三三四4	三三六4	
	授	九五1	三三九6	三四一6	
	揰	九五2	三三九7	三四一7	
	樹	九八5	三四二8	二四四8	
	植	一〇二1	三四五8	三四七8	字形小異
	栽	一二六4	三六七3	三六九3	
ウフネ	艜	七1	二六二7	二六四2	
ウヘ	頂	二九5	二八二5	二八四5	
ウヘキ	樹	九八5	三四二8	三四四8	
ウヘニ	扵	七九7	三二六5	三二八5	
ウマクハ	馬桅	一一七6	三五九6	三六一6	マ×
ウマノイホカヒ	紫貝	一九4	二七三6	二七五6	「紫—」
	大貝	一九5	二七三7	二七五7	「大—」
ウマノカミ	鬣	四二7	二九六8	二九八8	馬ノカミ
ウマノキホネ	食槽	一二六5	三六七4	三六九4	「食—」ウマノキ宁子
ウマフネ					→ムマフネ
ウメ	梅	九九2	三四三4	三四五4	
ウメノキ					→ムメノキ
ウム	贅	二一4	二七五4	二七七4	
ウヤ	拝	五三7	三〇三7	三〇五7	
ウヤス	揖	五四3	三〇四2	三〇六2	
	掩	六四7	三一三4	三一五4	ウ×、掩×
ウヤマフ	顒	三〇4	二八三3	二八五3	マ×
	頓	三一2	二八三8	二八五8	
	揖	五四3	三〇四2	三〇六2	
ウラオモフ	朿猶	一五〇3	三八八2	三九〇2	
ウラナフ	掩	六四7	三一三4	三一五4	掩×
ウラム	觖	一八5	二七二8	二七四8	
	猜	一五六1	三九三2	三九五2	
	債	一五六1	三九三2	三九五2	
ウラヤマシ	猜	一五六1	三九三2	三九五2	
ウル	買	二三1	二七六7	二七八7	
	賈	二三1	二七六7	二七八7	
	賣	二三1	二七六7	二七八7	
	販	二七2	二八〇4	二八二4	
	睥	二八1	二八一2	二八三2	
	撓	八九4	三三四8	三三六8	
ウルシヌリノキ	漆	一〇四1	三四七6	三四九6	
ウルシヌル	髹	四七1	二九五5	二九七5	
ウルシノキ	椅	一〇七4	三五〇6	三五二6	
ウルハシ	贒	二四7	二七八4	二八〇4	
	彩	四一1	二九二5	二九四5	
	采	一〇六3	三四九6	三五一6	ウル禾シ

和訓	漢字	宝本所在	観本所在	天本所在	注記
	猗〻	一五一4	三八九2	三九一2	
ウルフ	粟	一三九1	三七八3	三八○3	ウ×
ウレフ	頽	三三5	二八六1	三八八1	
	搖	九○1	三三五4	三三七4	
	欝	一四九3	三八七3	三八九3	
ウレヘ	負	二三6	二七七4	二七九4	
エ					
エ					↓ヱ
エ	梓	一○五4	三四八8	三五○8	梓×
	槐	一一四3	三五六6	三五八6	
	柄	一三○3	三七○6	三七二6	
	柲	一三一1	三七一3	三七三3	
	柏櫃	一三二6	三七二7	三七四7	
	柏	一三三2	三七三2	三七五2	
エタ	格	一○一5	三四五5	三四七5	
	榑	一○四1	三四七6	三四九6	
	朶	一○九3	三五二3	三五五3	
	椅	一一四7	三五七2	三五九2	
	杝	一一八5	三六○4	三六二4	
	枸	一二六1	三六六8	三六八8	
	末	一三三6	三七三6	三七五6	
	柯	一四○6	三七九7	三八一7	
	枝	一四六4	三八四7	三八六7	
エツリ	枌	一○七5	三五○7	三五二7	
	棧	一一二2	三五四7	三五六7	エツリ瓦ノ
	槤	一二一1	三六二5	三六四5	
	椁	一三四3	三七四2	三七六2	エ×
	棼	一四八6	三八六7	三八八7	
エノキ	榎	一○一1	三四五1	三四七1	エノ×
	梠	一一五1	三五七3	三五九3	
エハス	柏	一三三2	三七三2	三七五2	
エヒスネ	地楡	一○七7	三五一1	三五三1	エヒス子
エヒラ	柘	一二三4	三六四6	三六六6	
エフリ	杁	一二五1	三六六1	三六八1	
エホシ	梓	一○五4	三四八8	三五○8	梓×
エモノ	獲	一五三3	三九○7	三九二7	
エラフ	髦	四三5	二九七5	二九九5	
	搭	五六5	三○六2	三○八2	
	捘	五七3	三○六7	三○八7	
	掏	五九3	三○八5	三一○5	

	掄	六四2	三一二7	三一四7	
	揀	八〇2	三二六7	三二八7	
	擇	八九2	三三四6	三三六6	字形小異
	撰	九〇7	三三六2	三三八2	
	接	九三7	三三八6	三四〇6	
	采	一〇六4	三四九7	三五一7	
	摟	一四二3	三八一2	三八三2	
	歠	一五二2	三八九7	三九一7	

オ

オ					↓ヲ
オイタル	獲	一五三3	三九〇7	三九二7	
オイテ	扵	七九7	三二六5	三二八5	
オカム	頓	三一2	二八三8	二八五8	
	擿	七一4	三一九2	三二一2	
オキテ	摹	六七5	三一五7	三一七7	
	揔	七九2	三二五8	三二七8	
オキテケリ	措	六八7	三一六8	三一八8	措×
オキトコロ	措	六八7	三一六8	三一八8	キ×、措×
オキノル	賒	二二2	二七六1	二七八1	ノ×
	貫	二七7	二八一1	二八三1	
オク	長	四一5	二九三1	二九五1	
	抗	五一2	三〇一4	三〇三4	
	擄	五六3	三〇五8	三〇七8	
	拾	六五3	三一三6	三一五6	
	措	六八7	三一六8	三一八8	オ×、措×
	挃	七六5	三二三6	三二五6	
	扵	七九7	三二六5	三二八5	
	攘	八二3	三二八6	三三〇6	
	投	九二1	三三七2	三三九2	
	捷	九二6	三三七6	三三九6	
	擽	九四5	三三九3	三四一3	ク×
	積	九五2	三三九7	三四一7	
オクル	賄	二〇2	二七四3	二七六3	ル×
	貺	二〇6	二七四7	二七六7	
	贈	二〇6	二七四7	二七六7	
	賻	二一1	二七五1	二七七1	ル×
	貽	二三4	二七七2	二七九2	
	購	二四3	二七七8	二七九8	ク傍書
	債	一五六1	三九三2	三九五2	
オコク	摵	五五4	三〇五2	三〇七2	
	掬	五九4	三〇八6	三一〇6	
	撥	八七1	三三二7	三三四7	コ×
オコス	湏	三九2	二九〇8	二九二8	コ×
オコツリ	機	一一三1	三五五5	三五七5	

和訓	漢字	宝本所在	観本所在	天本所在	注記
	権	一一五6	三五七8	三五九8	
オコツル	機	九二7	三三七6	三三九6	オコ×
	棍	一〇九7	三五二7	三五四7	
オコル	揁	九五2	三三九7	三四一7	
オコレリ	冥	一五二4	三九〇1	三九二1	
オサフ	揖	五四4	三〇四3	三〇六3	
	擫	五四4	三〇四3	三〇六3	
	擭	五六3	三〇五8	三〇七8	
	掩	六四7	三一三4	三一五4	掩×
	抒	七四6	三一二1	三一四1	
	挫	七六6	三一三7	三一五7	
	攏	八〇1	三一六6	三一八6	
	捺	八三1	三一九3	三二一3	
	撥	八七1	三二二7	三二四7	
	按	八九1	三三四5	三三六5	オ×
	撫	九三2	三三七8	三三九8	
	抑	九三3	三三八2	三四〇2	
	搦	九四1	三三八7	三四〇7	
	案	一三一1	三七一3	三七三3	フ×
	栘	一三九6	三七八8	三八〇8	
オシカカル	扶	六二2	三一一1	三一三1	オシカ丶ル
オシスル	按	八八7	三三四4	三三六4	
オシハカル	推	八四2	三三〇3	三三二3	
オシハラフ	押	八八5	三三四2	三三六2	
オシヒラク	擠	八二1	三一八4	三二〇4	
	排	八三7	三三〇1	三三二1	
オシマツキ	楡	一四六2	三八四5	三八六5	
オス	捻	六六4	三一四7	三一六7	
	攤	七九4	三一六2	三一八2	
	擠	八一7	三一八3	三二〇3	
	捺	八三1	三一九3	三二一3	
	排	八三7	三三〇1	三三二1	
	推	八四1	三三〇2	三三二2	
	押	八八5	三三四2	三三六2	
	按	八八7	三三四4	三三六4	
オソク	拒	九六4	三四〇8	三四二8	
オソシ	賖	二二2	二七六1	二七八1	
オソヒ	樹	一二九5	三七〇1	三七二1	
オソフ	拗	五七4	三〇六8	三〇八8	[観]オサフ
	攏	八〇1	三一六6	三一八6	
	扲捒	八〇3	三一六8	三一八8	
	捺	八三1	三一九3	三二一3	

	捩	九〇2	三三五5	三三七5	オ×
	拗	九五7	三四〇4	三四二4	ソ×
オソル	貴	二一7	二七六6	二七八6	
	購	二四3	二七七8	二七九8	
	猥	一五一3	三八九1	三九一1	
	猲	一五二7	三九〇4	三九二4	字形小異
オチイル	擠	八二1	三二八4	三三〇4	
オツ	解	一四7	二六九6	二七一6	
	貶	二三3	二七七1	二七九1	
	顛	三四2	二八六5	二八八5	
	頽	三八6	二九〇5	二九二5	
	碩	三九5	二九一3	二九三3	
	控	五七5	三〇七1	三〇九1	
	摽	六一3	三一〇3	三一二3	
	攏	八〇1	三二六6	三二八6	ツ×
	標	一二一2	三六二6	三六四6	
	猥	一五一3	三八九1	三九一1	
オツルモノ	標	一二一2	三六二6	三六四6	オツル牛
オトカヒ	頷	三一4	二八四2	二八六2	
	頤	三四5	二八六8	二八八8	
オトス	貶	二三3	二七七1	二七九1	
	損	八八3	三三三8	三三五8	字形小異
オトナツク	長	四一5	二九三1	二九五1	

オトロ	榛	一〇〇3	三四四4	三三六4	
オトロク	頽	三八6	二九〇5	二九二5	
オトロフ	頼	三三5	二八六1	二八八1	
	彫	四〇4	二九二1	二九四1	
オナシ	撿	六五4	三一三8	三一五8	
	捉	七三7	三二一3	三二三3	オ×、捉×
オニアラヒ	貫衆	二八2	二八一3	二八三3	「—衆」
オノレ	質	二五7	二七九3	二八一3	
オヒク	舟	五3	二六一3	二六三3	
オヒシム	舟	五3	二六一3	二六三3	
オヒユ	[illegible]	二三5	二七七3	二七九3	
オフ	賷	二〇3	二七四4	二七六4	
	負	二三5	二七七3	二七九3	
	搶	六五5	三一四1	三一六1	
	掲	六六6	三一五1	三一七1	
	擔	八四4	三三〇5	三三二5	字形小異
	植	一〇二1	三四五8	三四七8	字形小異
オフス	拍浮	五八7	三〇八2	三一〇2	「—浮」
オホイナリ	碩	三九5	二九一3	二九三3	イ傍書
	攉	四九6	三〇〇2	三〇二2	
オホオヨヒ	拇	四八4	二九八8	三〇〇8	
オホカシラナリ	欺猥	一五一4	三八九2	三九一2	「欺—」
オホカミ	犲狼	一五〇4	三八八3	三九〇3	オ小カミ

和訓	漢字	宝本所在	観本所在	天本所在	注記
	豺狼	一五〇4	三八八3	三九〇3	ノオ小カミ
オホカリ	贓	二〇7	二七四8	二七六8	
オホキナリ	碩	三九5	二九一3	二九三3	
	捋	四九1	二九九5	三〇一5	
	母指	四九1	二九九5	三〇一5	「母—」
	大指	四九2	二九九6	三〇一6	「大—」
	擁	八七3	三三三1	三三五1	
オホキニ	頒	二九6	二八二6	二八四6	
オホシマ	檻	一三〇6	三七一1	三七三1	
オホス	負	二三6	二七七4	二七九4	
	撿	六五4	三一三8	三一五8	オ叮ス
オホセ	順	三三3	二八五7	二八七7	順×
オホセコト	撿	六五4	三一三8	三一五8	オホセヿ
オホツカナシ	挹	五〇6	三〇一1	三一三1	
オホツメ	瞀	一〇5	二六五8	二六七8	
オホトコ	椁	一三四3	三七四2	三七六2	
オホフ	般	五5	二六一5	二六三5	オ小フ
	掩	六四7	三一三4	三一五4	掩×
	撩	六五1	三一三5	三一五5	オ小ス、オ×、フ×
	搭	六五6	三一四2	三一六2	
	損	八八3	三三三8	三三五8	字形小異

和訓	漢字	宝本所在	観本所在	天本所在	注記
	投	九二1	三三七2	三三九2	
オホフネ	舶	五4	二六一4	二六三4	オ小フネ
	般	五5	二六一5	二六三5	オ小フ子
オホムネ	類	三九2	二九〇8	二九二8	オ小ムネ、類×
	摡	七六1	三二三2	三二五2	ホムネ×
	抂	七六2	三二三3	三二五3	オ小ム子
	槩	一一七1	三五九1	三六一1	ネ×
	梗槩	一一七1	三五九1	三六一1	オホム子
	大桓	一二一5	三六三1	三六五1	「大—」オホム子
オホユヒ	捋	四九1	二九九5	三〇一5	
	母指	四九1	二九九5	三〇一5	「母—」
	大指	四九2	二九九6	三〇一6	「大—」
オモシロフ	賞	二六5	二七九8	二八一8	
オモテ	骼	一一1	二六六3	二六八3	
	顔	二九2	二八二2	二八四2	
オモテアラフ	點類	三五1	二八七3	二八九3	「點—」
オモヒハカル	攄	五五7	三〇五5	三〇七5	
オモフ	頋	三〇5	二八三4	二八五4	
	願	三四7	二八七2	二八九2	字形小異
	擬	九三5	三三八4	三四〇4	
オモミル	頋	三〇5	二八三4	二八五4	

オモミレハ	推	八四1	三三〇2	三三二2	
オモムク	搏	五九6	三〇八8	三一〇8	字形小異
	揆	七三2	三二〇6	三二二6	
	投	九二1	三三七2	三三九2	
オヤマス	撓	八九4	三三四8	三三六8	
オヨヒ	指	四八6	二九九3	三〇一3	ヨ×
オヨユヒノマタ	扐	四九2	二九九6	三〇一6	
	扐	九四4	三三九2	三四一2	
オロカオヒ	橾梠	一一〇1	三五二8	三五四8	「橾—」
オロカナリ	頑	三二7	二八五4	二八七4	ナ×
オロケタリ	托	八九3	三三四7	三三六7	ロ×
オロトク	頽	三八6	二九〇5	二九二5	オトロフの誤か

カ

カイ	舵	八6	二六四3	二六六3	
	棹	一一五7	三五八1	三六〇1	字形小異
カイカヘス	攏	八〇1	三二六6	三二八6	
	批	八三6	三二九8	三三一8	
カイシキ	橇	一四四7	三八三4	三八五4	ノカイシキ
カイツクロフ	摳	五四3	三〇四2	三〇六2	
	搆	九三1	三三八1	三四〇1	字形小異
カイナツ	撫	九三2	三三七8	三三九8	
カイナラシテ	櫟輻	一二三7	三六五1	三六七1	クルマノヤウカイナラシテ
カイナラス	擽	六九1	三一七1	三一九1	ラ×
カイナラム	掩	六四7	三一三4	三一五4	カイ×、掩×
カウフリ	鬘	四七1	二九五5	二九七5	
カウフル	頼	三四4	二八六7	二八八7	ウフル×
カウヘ	頭	二八7	二八一8	二八三8	
カカキアク	批	八三5	三二九7	三三一7	カ、キ、キアク傍書
カカク	攘	八二3	三二八6	三三〇6	カ、ク
	批	八三5	三二九7	三三一7	カ、ク
	撥	八六7	三三二6	三三四6	カ、ク
	挂	九〇7	三三六2	三三八2	カ、ク
	桄	一〇三2	三四六8	三四八8	カ、ク
カカクル	攘	八二3	三二八6	三三〇6	カ、クル
カカフ	拘	七七5	三二四5	三二六5	カ、フ
	攘	八二3	三二八6	三三〇6	カ、フ
カカマル	捲	四九3	二九九7	三〇一7	カ、マル
	拖	五〇1	三〇〇4	三〇二4	カ、マル
	拘	七七5	三二四5	三二六5	カ、マル
	拘	七七6	三二四6	三二六6	カ、マル、カ×
	折	八六6	三三二5	三三四5	カ、マル腰
カカミル	攬	五三2	三〇三2	三〇五2	カ、ミル、カ、ミ×
カカヤク	費	二七3	二八〇5	二八二5	カ、ヤク
カカル	觸	一六5	二七一2	二七三2	カ、ル

和訓	漢字	宝本所在	観本所在	天本所在	注記
	擢	四九5	三〇〇1	三〇二1	カヽル
	扼	五〇4	三〇〇7	三〇二7	カヽル
	操	七六7	三一三8	三二五8	カヽル
	推	八四2	三三〇3	三三二3	カヽル
	掛	九〇7	三三六2	三三八2	カヽル、ヽ×
	捿	九二6	三三七6	三三九6	カヽル
	桂	一一三4	三五五8	三五七8	カヽル
	楚	一四八7	三八六8	三八八8	カヽル
カキ	搖	九一3	三三六5	三三八5	
	樹	九八5	三四二8	三四四8	
	桓	一二一4	三六二8	三六四8	
	柹	一二八4	三六九1	三七一1	
	桍	一四一7	三八〇7	三八二7	
カキアク	擊	五二6	三〇二7	三〇四7	
	摳	五四3	三〇四2	三〇六2	
	揚	六七1	三一五3	三一七3	揚×
	探	八五3	三三一3	三三三3	
カキクタク	揄	六四5	三一三2	三一五2	カ×
カキコナス	擾	七四7	三二二2	三二四2	
カキナラス	擽	七九6	三二六4	三二八4	
	擽	八九3	三三四7	三三六7	キ×

和訓	漢字	宝本所在	観本所在	天本所在	注記
カキミル	採	九一5	三三六7	三三八7	
カキメクラカス	攪	五三3	三〇三3	三〇五3	カキメクラカ爪、下のカ×
カキメクラス	攬	五三2	三〇三2	三〇五2	
カキリ	根	一一〇4	三五三3	三五五3	
	極	一三五3	三七五1	三七七1	字形小異
カキル	揻	五五4	三〇五2	三〇七2	
	撼	五五5	三〇五3	三〇七3	
	撿	六五4	三一三8	三一五8	
	掾	九五4	三四〇1	三四二1	
カキヲサム	摳	五四3	三〇四2	三〇六2	[観] ヤキヲサム
	搆	九三1	三三八1	三四〇1	字形小異
カク	扼	五〇4	三〇〇7	三〇二7	字形小異
	攬	五三2	三〇三2	三〇五2	
	攪	五三4	三〇三4	三〇五4	カ×、音か
	抹	六二2	三一一1	三一三1	
	擺	六三5	三一二3	三一四3	字形小異
	搭	六五6	三一四2	三一六2	
	擢	六六1	三一四4	三一六4	
	摘	七〇3	三一八2	三二〇2	ク×
	揾	七三6	三二一2	三二三2	
	擾	七五1	三二一3	三二四3	

訓	字				備考
	捫	七五5	三一二7	三一四7	
	搣	七七7	三一四7	三一六7	
	抓	八二4	三一八7	三二〇7	
	把	八四4	三二〇5	三二二5	
	折	八六6	三二二5	三二四5	
	擁	八七3	三二三1	三二五1	
	擺	八八1	三二三6	三二五6	
	托	八九3	三二四7	三二六7	
	挂	九〇7	三二六2	三二八2	
	撫	九三1	三二七7	三二九7	
	掻	九六5	三四一1	三四三1	字形小異
	析	一三四4	三七四3	三七六3	カ×
カクス	⿰貝鹿	二三4	二七七2	二七九2	
	⿰貝或	二七1	二八〇3	二八二3	
カクノアワ	結果	二二八2	三六八7	三七〇7	カクノア禾「結―」
カクノコトキ	猶	一五〇2	三八八1	三九〇1	キ傍書
カクノコトク	猶	一五〇2	三八八1	三九〇1	
カクル	掩	六四7	三一三4	三一五4	掩×
カケ	影	四〇5	二九二2	二九四2	
	彩	四一1	二九二5	二九四5	
	栬	一一八2	三六〇1	三六二1	
カケクル	⿰扌犬	六一7	三一〇7	三一二7	
カケタリ	振	九一4	三三六6	三三八6	

訓	字				備考
カケハシ	捘	五五5	三〇五3	三〇七3	
	⿰扌弟	八〇7	三二七4	三二九4	⿰扌弟×
	橙	一一二1	三五四6	三五六6	
	棧	一一二2	三五四7	三五六7	
	梯	一二五4	三六六4	三六八4	
カケマクモカシコキ	挂畏	九一1	三三六3	三三八3	カケコ×
カコフ	拵	九二3	三四二3	三四四3	
	栫	一四一7	三八〇7	三八二7	
	棼	一四八6	三八六7	三八八7	
カコフナ	⿰扌勘	七三4	三二〇8	三二二8	
カサ	櫟梂	一二三6	三六四8	三六六8	「―梂」
カサク	把	四九7	三〇〇3	三〇二3	
カサシ	拈	九二4	三三七4	三三九4	
カサス	捷	七一2	三一八8	三二〇8	
カサナル	⿰貝色	二七4	二八〇6	二八二6	ナル傍書
	捶	七〇5	三一八4	三二〇4	
	摞	九六3	三四〇7	三四二7	
カサヌ	⿰貝色	二七4	二八〇6	二八二6	
	拏	六三6	三一二4	三一四4	
	獵	一五三1	三九〇5	三九二5	
カサル	艤	八4	二六四1	二六六1	
	賁	二七4	二八〇6	二八二6	
	賛	二七6	二八〇8	二八二8	

和訓	漢字	宝本所在	観本所在	天本所在	注記
	彭	四〇7	二九二4	二九四4	
	栴檀	九九1	三四三3	三四五3	
カサレルノキスケ	文槐	一〇九6	三五二6	三五四6	「文—」
カシ	摵	五四7	三〇四6	三〇六6	
	櫓	一一一5	三五四3	三五六3	
	橿	一一一6	三五四4	三五六4	
	柞	一三二2	三七二3	三七四3	
カシク	顛	三三4	二八五8	二八七8	
	頼	三三5	二八六1	二八八1	ク傍書
	顛頼	三三5	二八六1	二八八1	
	摵	一一二4	三五五1	三五七1	ク傍書
カシケタリ	頼	三三5	二八六1	二八八1	
	頣	三四5	二八六8	二八八8	
	攕	五五3	三〇五1	三〇七1	
	櫼	一〇五3	三四八7	三五〇7	
	摵	一一二4	三五五1	三五七1	
カシコシ	賢	一九7	二七四1	二七六1	
	粲	一三九1	三七八3	三八〇3	カ×
カシコマル	拖	五〇1	三〇〇4	三〇二4	シ×
	挹	五〇6	三〇一1	三〇三1	
	揖	五四3	三〇四2	三〇六2	

和訓	漢字	宝本所在	観本所在	天本所在	注記
カシツキノセラル	扶入	六二3	三一一2	三一三2	
カシノキ	檽	一〇二4	三四六3	三四八3	
	橿	一一一6	三五四4	三五六4	
	樫	一三〇5	三七〇8	三七二8	
	栩	一三八2	三七七5	三七九5	
カシハ	槲	一三一1	三七二2	三七四2	
	檞	一三一1	三七二2	三七四2	
	柏	一三二5	三七二6	三七四6	
カシハキ	楢	一〇四5	三四八2	三五〇2	字形小異
	槲	一三一1	三七二2	三七四2	
カシラ	頭	二八7	二八一8	二八三8	
	頽	二九5	二八二5	二八四5	
カシライタキヤマヒ	頭風	二八7	二八一8	二八三8	「—風」
カシラケツル	揃	五八5	三〇七8	三〇九8	字形小異
カシラサシトトノフ	頡砥	三二6	二八五3	二八七3	カシラサシト、ノフ
					「—砥」
カシラノカハラ	顱	二九3	二八二3	二八四3	
カシラノホネ	髑髏	一〇1	二六五4	二六七4	ラノホ字×、字形小異
カス	貸	二八3	二八一4	二八三4	カ爪
	負	二八3	二八一4	二八三4	カ爪
	抆	五三6	三〇三6	三〇五6	

	撰	九〇7	三三六2	三三八2	
	搆	九二7	三三七8	三三九8	字形小異
カスム	掠	七八4	三二五3	三二七3	
	攘	八二3	三二八6	三三〇6	
	抄	八四6	三三〇7	三三二7	
	椋	一〇四4	三四八1	三五〇1	
カスル	栖	一〇二2	三四六1	三四八1	
カセツヱ	横首杖	一二四5	三六五6	三六七6	「横首—」
	庶杖	一二四5	三六五6	三六七6	「庶—」
カソフ	挍	六一6	三一〇6	三一二6	
	掠	七八4	三二五3	三二七3	
	撰	九〇7	三三六2	三三八2	
	乗	一四七3	三八五5	三八七5	ソ×
カタ	髀	一〇6	二六六1	二六八1	
	髆	一一2	二六六4	二六八4	
	形	四〇3	二九一8	二九三8	
	攦	五六3	三〇五8	三〇七8	
	窣	一四一1	三八〇1	三八二1	
カタキ	摸	六七4	三一五6	三一七6	
	𢭏	六七5	三一五7	三一七7	タ×
	摫	七八5	三二五4	三二七4	
	損	八五1	三三一1	三三三1	字形小異
	模	一一九2	三六〇8	三六二8	

カタキリ	㯭	一二九4	三六九8	三七一8	
カタクナ	頑	三一7	二八五4	二八七4	
	彰	四〇4	二九二1	二九四1	タク×
カタクナシ	頑	三一7	二八五4	二八七4	
	拙	九四4	三三九2	三四一2	タ×
カタクナナリ	頑	三一7	二八五4	二八七4	カタクナ、リ
カタサキ	髃	一二5	二六七6	二六九6	カタ×
カタシ	賢	一九7	二七四1	二七六1	カ×
	頗	二九7	二八二7	二八四7	
	肆	四二1	二九三4	二九五4	
	哲	七六4	三二三5	三二五5	
	挭	九一7	三三七1	三三九1	
	禁	一四九1	三八七1	三八九1	タ×
カタシトテヒク	椅	一〇七4	三五〇6	三五二6	
カタシロ	人形	四〇4	二九二1	二九四1	「人—」
カタチ	質	二五7	二七九3	二八一3	
	顔	二九2	二八二2	二八四2	
	頴	三九3	二九一1	二九三1	
	形	四〇3	二九一8	二九三8	二段目
	形	四〇3	二九一8	二九三8	四段目
	彨	四〇7	二九二4	二九四4	
	相	一三三2	三七三2	三七五2	チ×
	状	一五一6	三八九4	三九一4	

和訓	漢字	宝本所在	観本所在	天本所在	注記
カタトル	形	四〇3	二九一8	二九三8	カ×
	摸	六七4	三一五6	三一七6	
	状	一五一6	三八九4	三九一4	
カタノホネ	歀盆骨	九7	二六五3	二六七3	「歀盆｜」タノホ字×
	髆	一一2	二六六4	二六八4	カタノ小ネ
	髃骬	一三2	二六八2	二七〇2	カタノ小ネ
カタハ	嵴	一四3	二六九2	二七一2	タ×
カタハラ	彭	四一1	二九二5	二九四5	
カタハラホネ	髈	一一2	二六六4	二六八4	カタハラ小ネ、タハ×
カタヒク	擋	四八4	二九八8	三〇〇8	タ×、擋×
	擋	五八4	三〇七7	三〇九7	
カタヒラ	槙	一二五6	三三六6	三三八6	
カタフク	頽	三八6	二九〇5	二九二5	
	影	四〇5	二九二2	二九四2	字形小異
カタホネ	〔骨票〕	一四2	二六九1	二七一1	カタ小ネ
カタマカル	猗〻	一五一4	三八九2	三九一2	下のカ×
	狚	一五四5	三九一8	三九三8	
カタマシ	賊	二七1	二八〇3	二八二3	
カタム	控	五七5	三〇七1	三〇九1	
カタムルニ	案	一三一1	三七一3	三七三3	
カタラフ	婪	一四八4	三八六5	三八八5	

和訓	漢字	宝本所在	観本所在	天本所在	注記
カチ	艕	八6	二六四3	二六六3	
	拖	五〇1	三〇〇4	三〇二4	
	挹	五〇6	三〇一1	三〇三1	
	抴	六二6	三一一5	三一三5	
	掘	九六1	三四〇4	三四二4	
	榜	一一四6	三五七1	三五九1	
	橈	一三一6	三七一8	三七三8	カ×
	穀	一三二4	三七二5	三七四5	
	櫼	一三二6	三七二7	三七四7	チ×
	櫼	一三二7	三七二8	三七四8	
	梶	一四五6	三八四2	三八六2	チ×
カチトリ	扶抄	六二3	三一一2	三一三2	「｜抄」カチト×
	櫼師	一三二7	三七二8	三七四8	「｜師」師×
カチノキ	楮	一三八4	三七七7	三七九7	
	柠	一三八5	三七七8	三七九8	柠×
カツ	捷	七一1	三一八7	三二〇7	捷×
	揵	七一2	三一八8	三二〇8	
	搗	八七6	三三三4	三三五4	字形小異
	乗	一四七3	三八五5	三八七5	
カツカツカタル	獠	一五五7	三九三1	三九五1	カツ〱カタル
カツケモノ	纒頭	二九1	二八二1	二八四1	「纒｜」

カツラ	鬘	四三2	二九七2	二九九2	字形小異
	髪	四七5	二九六1	二九八1	
	抓	八二5	三二八8	三三〇8	
	椰	一〇八1	三五一2	三五三2	
	楓	一一三3	三五五7	三五七7	
	桂	一一三4	三五五8	三五七8	
カト	賢	一九7	二七四1	二七六1	カ×
カナシフ	擱	五三6	三〇三6	三〇五6	
カナツナヰ	桔梗槔	一二一7	三六三3	三六五3	
カナツヱ	鐵杖	一二四5	三六五6	三六七6	「鐵—」ヱ×
カナフ	體	一〇2	二六五5	二六七5	
	摡	七六1	三二三2	三二五2	
	摧	八五4	三三一4	三三三4	
カナラス	須	三九1	二九〇7	二九二7	
カニハ	樺	一一六1	三五八2	三六〇2	
カヌ	挾	八〇4	三二七1	三二九1	
	猜	一五六1	三九三2	三九五2	
カハ	樺	一一六1	三五八2	三六〇2	
カハク	枯	一二二2	三六三5	三六五5	ハ×
カハシ	猥	一五一3	三八九1	三九一1	ハ×
カハチ	[illegible]顩	三三2	二八五6	二八七6	「[illegible]—」
	頬	三七4	二八九4	二九一4	
カハチサノキ	賣子木	九八2	三四二5	三四四5	「賣子—」

カハネ	骼	一一1	二六六3	二六八3	
	骴	一一5	二六六7	二六八7	
カハラ	[illegible]	一〇6	二六六1	二六八1	
カハラノキ	棧	一二二3	三五四8	三五六8	
カハル	賦	二六3	二七九6	二八一6	
	拾	六四1	三一二6	三一四6	拾×
	掾	九五4	三四〇1	三四二1	
カハルカハル	狎	一五二6	三九〇3	三九二3	カハル〱
カヒ	鯄	一九2	二七三4	二七五4	
	貝	一九4	二七三6	二七五6	
	頬	三〇7	二八三6	二八五6	
	類	三八1	二八九8	二九一8	
	抆	五三6	三〇三6	三〇五6	
	抦	七四5	三三一8	三三三8	
	柄	一三〇3	三七〇6	三七二6	
カヒツモノ	貝	一九4	二七三6	二七五6	カヒツ牛
カヒロク	[illegible]	八6	二六四3	二六六3	
カヒルテノキ	雞冠木	九八7	三四三2	三四五2	「雞冠—」
カフ	貿	二一2	二七五2	二七七2	
	購	二二1	二七五8	二七七8	字形小異
	買	二三1	二七六7	二七八7	
	贖	二三2	二七六8	二七八8	
	質	二六1	二七九4	二八一4	

和訓	漢字	宝本所在	観本所在	天本所在	注記
	換	八八6	三三四3	三三六3	
カフチ	櫞	一一三7	三五六3	三五八3	
	枸椽	一二六1	三六六8	三六八8	「―様」
カフラ	下體	一〇3	二六五6	二六七6	「下―」
カフル	攘	八二3	三一八6	三三〇6	
	撥	八七1	三三二7	三三四7	ヤフルか
	播	八八7	三三四4	三三六4	カフ×
カヘ	椈	一二六4	三六七3	三六九3	
	榧子	一三〇2	三七〇5	三七二5	
	栢	一三三5	三七二6	三七四6	
カヘス	貲	二一6	二七五6	二七七6	
	販	二七2	二八〇4	二八二4	
カヘテノキ	鷄冠	九八3	三四二6	三四四6	
カヘリウツ	擲倒	七〇2	三一八1	三二〇1	
カヘリテウタル	返扑	九五1	三三九6	三四一6	「返―」
カヘリフミ	返抄	八四7	三三〇8	三三二8	「返―」ミ×
カヘリミル	顧	三〇5	二八三4	二八五4	
	頥	三四5	二八六8	二八八8	
カヘル	攏	八〇1	三二六6	三二八6	カヘ×
	捝	八六1	三三一8	三三三8	
	播	八八7	三三四4	三三六4	

和訓	漢字	宝本所在	観本所在	天本所在	注記
	掾	九五4	三四〇1	三四二1	
カホ	顔	二九2	二八二2	二八四2	
	頟	二九3	二八二3	二八四3	
	頦	三六5	二八八6	二九〇6	カ小
	頙	三九3	二九一1	二九三1	カ小
カマチ	頤	三四5	二八六8	二八八8	
カマツカ	柌	一〇七4	三五〇6	三五二6	
カマフ	揲	六二7	三一一6	三一三6	揲×
	捹	六三1	三一一7	三一三7	カマフ×
	擺	六三5	三一二3	三一四3	
	扌幾	九二6	三三七6	三三九6	
	探	九六3	三四〇7	三四二7	
	架	一二一7	三六三3	三六五3	
	構	一二七7	三六八5	三七〇5	字形小異
	栫	一四二1	三八〇8	三八二8	
カマル	奉	四九3	二九九7	三〇一7	
カミ	賊	二六7	二八〇2	二八二2	ミ×
	頭	二八7	二八一8	二八三8	
	髻	四三6	二九七6	二九九6	
	鬆	四四3	二九八2	三〇〇2	
	髪	四七4	二九五8	二九七8	

カミキル	髩	四六5	二九五2	二九七2	ル×
カミソソク	鬖	四四3	二九八2	三〇〇2	カミソ、ク
カミツヒケ	髭	四二6	二九六7	二九八7	カミツ×
カミノスヱ	髾	四三6	二九七6	二九九6	ノ×
カミノネ	髮	四四1	二九七8	二九九8	ミ×、ネ×、字形小異
カミミニクシ	鬠	四四3	二九八2	三〇〇2	カ×、ニ×、鬠×
カミユヒタツ	鬤、	四四6	二九八5	三〇〇5	
カムカフ	挍	六一6	三一〇6	三一二6	
	扶	六二2	三一一1	三一三1	
	扞	六三2	三一一8	三一三8	
	撿	六五4	三一三8	三一五8	
	操	六八2	三一六3	三一八3	
	挌	七八3	三二五2	三二七2	
	挾	八〇4	三二七1	三二九1	
	押	八八5	三三四2	三三六2	
	括	九二5	三三七5	三三九5	
	案	一三一1	三七一3	三七三3	カム×
	猾	一五二2	三八九7	三九一7	
カムシ	柑子	九九7	三四四1	三四六1	音か
カムシノサネ	李衡	一〇三5	三四七3	三四九3	カムシノサ子
カモエ	鴨柄	一三〇4	三七〇7	三七二7	「鴨—」
カモメ	獨	一五二7	三九〇4	三九二4	カ×、ヤモメの誤か
カラ	擢	四九5	三〇〇1	三〇二1	ラ×

	挮	六〇5	三〇九6	三一一6	
	枚	一〇〇1	三四四2	三四六2	
	柄	一三〇3	三七〇6	三七二6	
	柯	一四〇6	三七九7	三八一7	
	栫	一四二1	三八〇8	三八二8	
カラカシハ	干槲	一三二1	三七二2	三七四2	
カラキ	枯	一二二2	三六三5	三六五5	
カラサホ	連枷	一二一6	三六三3	三六五3	「連—」カラサ小
カラタチ	樱	一〇四6	三四八3	三五〇3	
	枳	一一〇3	三五三2	三五五2	
	枳椇	一一〇3	三五三2	三五五2	
	橙	一一二1	三五四6	三五六6	
	槐	一一八7	三六〇6	三六二6	タチ×、字形小異
	枸椇	一二六1	三六六8	三六八8	
カラナシ	権	一二七1	三六七7	三六九7	
	柰	一三一2	三七一4	三七三4	
	櫁子	一三一3	三七一5	三七三5	
カラニレ	杌	一一四7	三五七2	三五九2	ニ×
カラネコ	猫	一五六3	三九三4	三九五4	カラ子コ
カラム	控	五七5	三〇七1	三〇九1	
	摸	六七4	三一五6	三一七6	
	抓	八二5	三二八8	三三〇8	
	投	九二1	三三七2	三三九2	

和訓	漢字	宝本所在	観本所在	天本所在	注記
	挹	九二2	三三七3	三三九3	
	搦	九四1	三三八7	三四〇7	
	搔	九六5	三四一1	三四三1	字形小異
カラモモ	杏	一二八2	三六八7	三七〇7	カラモ、
	杏子	一二八2	三六八7	三七〇7	「―子」カラモ、
カラヰシキ	構	一二六6	三六七5	三六九5	
カリ	搗子	八七5	三三三3	三三五3	「―子」
	狩	一五一7	三八九5	三九一5	
	遊獦	一五三2	三九〇6	三九二6	「遊―」
カリウチ	摴蒲	九六1	三四〇4	三四二4	
カリス	獵	一五三1	三九〇5	三九二5	
カリソメ	攉	四九5	三〇〇1	三〇二1	
カリニ	攉	四九5	三〇〇1	三〇二1	
カリヒト	獦師	一五三2	三九〇6	三九二6	「―師」リヒ×
	獦者	一五三2	三九〇6	三九二6	「―者」
カル	貸	二八2	二八一3	二八三3	
	擯	五七4	三〇六8	三〇八8	
	搷	五七5	三〇七1	三〇九1	
	枯	一二三2	三六三5	三六五5	
	槁	一二三4	三六三7	三六五7	
	獵	一五三1	三九〇5	三九二5	カル×
	獦	一五三2	三九〇6	三九二6	カル×
	獵	一五九3	三九六1	三九八1	
カルガユヘニ	肆	四一7	二九三3	二九五3	カル×
カルガユヘニイマ	肆	四一7	二九三3	二九五3	
カレヒケ	㮚	一二七2	三六七8	三六九8	レ×
キ					
キ	木	九八1	三四二4	三四四4	
	樹	九八5	三四二8	三四四8	
キカハ	橘皮	一二五5	三六六5	三六八5	「―皮」
キキル	柞	一三二2	三七二3	三七四3	キ、ル
キクキ	栓	一〇八5	三五一6	三五三6	
	栓	一〇八6	三五一7	三五三7	
キコリ	樵	一一五5	三五七7	三五九7	
キサ	橒	一一九4	三六〇2	三六二2	
キサヌ	桄	一一六6	三五八7	三六〇7	
キサメ	挄	五一7	三〇二1	三〇四1	
キタル	挌	七八3	三二五2	三二七2	
キツナ	批	八三6	三一九8	三二一8	
	柑	一二七6	三六八4	三七〇4	

キツネ	狐	一五〇5	三八八4	三九〇4	キツ子
キナリ	觥	一五4	二七〇2	二七二2	
キヌウツ	擣衣	八七7	三三三5	三三五5	
キヌツクル	擣衣	八七7	三三三5	三三五5	
キヌノクヒ	領	三一5	二八四3	二八六3	衣ノクヒ
キヌハリ	撗	一一九5	三六一3	三六三3	リ×
キノイララ	桄	一三一6	三七一8	三七三8	キノイラ、
キノキリクヒ	栟	一〇八4	三五〇5	三五二5	
キノホコ	椊	一四五7	三八四3	三八六3	
キノマタ	觚	一五3	二七〇1	二七二1	
	椏	一一九7	三六一5	三六三5	
キノミミ	栮	一三三2	三七三2	三七五2	下のミ×
キハタ	黄木	九八2	三四二5	三四四5	
	檗	一三二4	三七二5	三七四5	
	黄檗	一三二5	三七二6	三七四6	「黄―」
キハツク	栫	一四二1	三八〇8	三八二8	
キハマル	杭	一一六4	三五八5	三六〇5	字形小異
キハム	抗	五一2	三〇一4	三〇三4	
	拯	一三五3	三七五1	三七七1	
キヒシ	揆	七三2	三二〇6	三二二6	
キフ	扶	六二3	三一一2	三一三2	禾キフ
キホネ	頤	三〇2	二八三1	二八五1	
キホフ	挍	六一6	三一〇6	三一二6	

キミ	林	一四八1	三八六2	三八八2	
キムラ	樾	一三四4	三七四3	三七六3	キ傍書
キヨシ	拭	五四7	三〇四6	三〇六6	
キラフ	猜	一五六1	三九三2	三九五2	
	猒	一六〇6	三九七3	三九九3	字形小異
キリ	椅桐	一〇七3	三五〇5	三五二5	「椅―」
	椈	一二九5	三七〇1	三七二1	
キリハシ	挺	七一5	三一九3	三二一3	
キリモミ	攢	七四3	三二一6	三二三6	
キル	髠	四七6	二九六2	二九八2	
	攬	五三2	三〇三2	三〇五2	
	捎	五九3	三〇八5	三一〇5	
	披	六一5	三一〇5	三一二5	
	披	六一5	三一〇5	三一二5	キル枝
	捍	六三3	三一二1	三一四1	
	擿	七〇3	三一八2	三二〇2	
	撃	七一7	三一九5	三二一5	キ×
	摲	七二2	三一九7	三二一7	
	攄	七三4	三二〇8	三二二8	
	揩	七四1	三二一4	三二三4	
	攢	七四2	三二一5	三二三5	
	推	八四1	三三〇2	三三二2	
	摞	八五3	三三一3	三三三3	

和訓	漢字	宝本所在	観本所在	天本所在	注記
	折	八六6	三三二5	三三四5	
	撚	八九7	三三五3	三三七3	
	擬	九三5	三三八4	三四〇4	
	栞	一〇五1	三四八5	三五〇5	
	槧	一二一5	三六三1	三六五1	
	柲	一三一1	三七一3	三七三3	
	柞	一三二2	三七二3	三七四3	
	桀	一三八7	三七八2	三八〇2	ル×
	梁	一三九1	三七八3	三八〇3	

ク

和訓	漢字	宝本所在	観本所在	天本所在	注記
ククル	舙	八4	二六四1	二六六1	ク、ル
	攏	八〇1	三二六6	三二八6	ク、ル
	拈	九二4	三三七4	三三九4	ク、ル
	括	九二5	三三七5	三三九5	ク、ル
	栝	一一〇4	三五三3	三五五3	ク、ル
	櫳	一四一2	三八〇2	三八二2	ク、ル
クコ	椅杞	一一七5	三五九5	三六一5	
クサシ	朽	一二九1	三六九5	三七一5	
	臭	一五二3	三八九8	三九一8	

和訓	漢字	宝本所在	観本所在	天本所在	注記
クサヒ	杚	一三六6	三七六3	三七八3	
	椵	一三九6	三七八8	三八〇8	椵×
	槷	一四〇7	三七九8	三八一8	
	楈	一四六3	三八四6	三八六6	
クサヰナキ	野猪	一五一1	三八八7	三九〇7	「野—」クサ×
クシ	枇	一一八6	三六〇5	三六二5	
	梳	一二一3	三六二7	三六四7	
	櫛	一三五3	三七五1	三七七1	
クシク	扼	五〇4	三〇〇7	三〇二7	上のク×
	抳	五〇6	三〇一1	三〇三1	下のク傍書
	挫	七六6	三二三7	三二五7	
	捩	八一4	三二七8	三二九8	字形小異
	折	八六6	三三二5	三三四5	
クシハラヒ	構	一一三3	三五五7	三五七7	
クシフ	抳	五〇6	三〇一1	三〇三1	
クシリ	髎	一七3	二七一7	二七三7	
クシル	探	五七1	三〇六5	三〇八5	字形小異
	択	六二1	三一〇8	三一二8	択×
	掘	八一1	三一七5	三一九5	
	捩	八一4	三一七8	三一九8	字形小異
	批	八三5	三一九7	三二一7	

	括	九二5	三三七5	三三九5	
クスク	費	二七3	二八〇5	二八二5	
クスヌク	鬻	一八2	二七二5	二七四5	
	鬻	一八2	二七二5	二七四5	ク爪ヌク
	揘	五一5	三〇一7	三〇三7	
	揘	八二4	三二八7	三三〇7	
	攙	八六2	三三一1	三三四1	
クスノキ	楠	一〇二6	三四六5	三四八5	
	櫲樟	一一四2	三五六5	三五八5	
	櫲	一一四2	三五六5	三五八5	
クタ	角	一四4	二六九3	二七一3	
クタク	扰	五一1	三〇一3	三〇三3	
	挵	六〇3	三〇九4	三一一4	
	挨	六〇6	三〇九7	三一一7	ク×
	拉	六四3	三一二8	三一四8	
	搗	六六7	三一五2	三一七2	
	挃	七六5	三三三6	三三五6	
	挫	七六6	三三三7	三三五7	上のク×
	抹	八〇5	三一七2	三一九2	
	攘	八二3	三一八6	三二〇6	
	批	八三6	三二九8	三三一8	
	摧	八四2	三三〇3	三三二3	
	折	八六5	三三二4	三三四4	

	折	八六5	三三二4	三三四4	
	押	八八5	三三四2	三三六2	ク×
	抑	九三3	三三八2	三四〇2	
	扔	九四7	三三九5	三四一5	
	析	一三四4	三七四3	三七六3	クタ×
クタス	貶	二三3	二七七1	二七九1	ス×
クタノフエ	小角	一四6	二六九5	二七一5	「小―」
クタモノ	果	一二八1	三六八6	三七〇6	クタ牛
クタル	頓	三一2	二八三8	二八五8	
クタレリ	賖	二二2	二七六1	二七八1	レリ×
クチキ	槁	一二三3	三六三6	三六五6	
クチツタ	朽	一二九1	三六九5	三七一5	ク×、ツ×
クチナシ	奋	一〇〇1	三四四2	三四六2	
	梔	一一七6	三五九6	三六一6	
クチハシ	觜	一五7	二七〇5	二七二5	
クチヒソム	轡	三八1	二八九8	二九一8	ム×
クチモノ	朽	一二九1	三六九5	三七一5	クチ牛、ク×
クツ	扜	九五6	三四〇3	三四二3	
クツカタ	楦	一〇五7	三四九3	三五一3	
クツカヘル	顚	三四2	二八六5	二八八5	
	頹	三八7	二九〇6	二九二6	ル×
クツス	攬	五三4	三〇三4	三〇五4	ス傍書
クツネ	狐	一五〇5	三八八4	三九〇4	クツ子

和訓	漢字	宝本所在	観本所在	天本所在	注記
クツル	顚	三四2	二八六5	三八八5	
	頽	三八6	二九〇5	二九二5	
	攬	五三4	三〇三4	三〇五4	
クツロク	摯	五二3	三〇二4	三〇四4	
クヌキ	歴木	九八4	三四二7	三四四7	「歴—」字形小異
	擧木	九八6	三四二1	三四四1	「擧—」
	橡	一一四2	三五六5	三五八5	
	鉤樟	一一四3	三五六6	三五八6	
	鳥樟	一一四3	三五六6	三五八6	「鳥—」
クハシ	躶	八5	二六四2	二六六2	
クハノミ	椹	一〇八6	三五一8	三五三8	
クハフキ	菓	一四五2	三八三6	三八五6	
クハル	賦	二六3	二七九6	二八一6	
クヒ	領	三一5	二八四3	二八六3	
	頸	三三3	二八四8	二八六8	
	拴	七八1	三二四8	三二六8	拴×
	杙	一一一7	三五四5	三五六5	
	栈	一一一7	三五四5	三五六5	
	杭	一一六3	三五八4	三六〇4	クヒウツか
	杭	一一六3	三五八4	三六〇4	和訓重出
	槪	一三三3	三七三3	三七五3	

和訓	漢字	宝本所在	観本所在	天本所在	注記
	杝	一四七5	三八五7	三八七7	
クヒウツ	栘	七二6	三二〇3	三二二3	
	拸	七二6	三二〇3	三二二3	
	拸杙	七二7	三二〇4	三二二4	「—杙」[観]「杙—」
	栈	一一一7	三五四5	三五六5	
クヒカシ	枷	一二一6	三六二2	三六四2	
	盤枷	一二一6	三六三2	三六五2	「盤—」ヒ×、シ×
クヒキ	槪	一三三3	三七三3	三七五3	
	槩	一三三4	三七三4	三七五4	
クヒセ	株	一一〇5	三五三4	三五五3	
	杌	一一六5	三五八6	三六〇6	
	槁	一二二4	三六三7	三六五7	
	槇	一二五7	三六六7	三六八7	
	[illegible]	一四五6	三八四2	三八六2	
	相	一四六1	三八四4	三八六4	
クヒチ	欚	一三八2	三七七5	三七九5	
クヒツナ	犬枷	一二一7	三六三3	三六五3	「犬—」ツ×
クヒトル	檎	一〇八4	三五一5	三五三5	
クヒル	扼	五〇3	三〇〇6	三〇二6	
	[illegible]	五〇4	三〇〇7	三〇二7	
	栘	七二6	三二〇3	三二二3	

	拒	七九3	三二六1	三二八1	
	挑	八三6	三二九8	三三一8	
	搖	九五5	三四〇2	三四二2	ヒル×
クフ	捫	七五5	三二二7	三二四7	
	彗	一四九2	三八七2	三八九2	
クホ	髀子	一〇7	二六六2	二六八2	「―子」
クマル	狂	一六〇7	三九七4	三九九4	
クミ	槌	一二一1	三六二5	三六四5	字形小異
クミノキ	椙	一二三6	三六四8	三六六8	
クム	挹	五〇6	三〇一1	三〇三1	
	揖	五四3	三〇四2	三〇六2	
	捔	六九2	三一七2	三一九2	
	抒	七四7	三二二2	三二四2	
クラシ	杳	一二八3	三六八8	三七〇8	
クラフ	角	一四4	二六九3	二七一3	
	悔	四八5	二九九2	三〇一2	
	抗	五一4	三〇一6	三〇三6	
クラホネ	鞍橋	一二二7	三六四2	三六六2	「鞍―」鞍×、クラホ子
クリ	⿰木奄子	一二七1	三六七7	三六九7	「―子」
	⿰木奄寸	一二七1	三六七7	三六九7	「―寸」
	栗	一三五5	三七五3	三七七5	
	撰子	一三五6	三七五4	三七七4	
	栗黄	一三五6	三七五4	三七七4	「―黄」
クリノイカ	櫟梂	一二三6	三六四8	三六六8	「―梂」
	栗剌	一三五6	三七五4	三七七4	「―剌」
クリノシフ	㮚扶	六二3	三一一2	三一三2	
	栗扶	一三五6	三七五4	三七七4	
クル	貸	二八3	二八一4	二八三4	
	撵	五〇4	三〇〇7	三〇二7	
	抒	七四6	三二二1	三二四1	[観]訓なし
	操	七六7	三二三8	三二五8	ク×
	括	九二5	三三七5	三三九5	
クルシ	挫	七六6	三二三7	三二五7	
クルシフ	彭	四一1	二九二5	二九四5	
クルフ	持	八五4	三三一4	三三三4	
	猜	一五六2	三九三3	三九五3	
	狂	一六〇7	三九七4	三九九4	
クルマノヤウカイナラシテ	櫟輻	一二三7	三六五1	三六七1	「―輻」
クルミ	胡桃	一〇三4	三四七2	三四九2	「胡―」
クレ	榑	一三三7	三七三7	三七五7	
クロカキ	柿心	一二八4	三六九1	三七一1	「―心」
	黒柿	一二八4	三六九1	三七一1	「黒―」
クロクサ	灯	三〇1	二八二8	二八四8	

ケ

和訓	漢字	宝本所在	観本所在	天本所在	注記
ケケラ	柹	一二八5	三六九2	三七一2	ケ、ラ
ケス	果	一二八1	三六八6	三七〇6	
ケタ	桁	一〇五2	三四八6	三五〇6	
ケタナルヲ	觚	一五3	二七〇1	二七二1	
ケツシ	櫛	一三五3	三七五1	三七七1	ツ×
ケツル	栅	六〇4	三〇九5	三一一5	
	抓	八二4	三二八7	三三〇7	
	𢭐	九四1	三三八7	三四〇7	
	梳	一二一3	三六二7	三六四7	
ケモノ	獸	一五三7	三九一3	三九三3	
ケル	播	八八7	三三四4	三三六4	
コ					
コオヨヒ	季指	四八7	二九九4	三〇一4	「季―」コオ×
コカス	摵	五五4	三〇五2	三〇七2	
	擿	七〇3	三一八2	三二〇2	
コク	揖	五四3	三〇四2	三〇六2	
	揲	六七3	三一五5	三一七5	
	擿	七〇3	三一六2	三一八2	
	撖	八八1	三三三6	三三五6	
	揃	八九5	三三五1	三三七1	
	攞	九〇2	三三五5	三三七5	
	搆	九三1	三三七8	三三九8	字形小異
	采	一〇六4	三四九7	三五一7	
コクハ	猕獲桃	一〇三4	三四七2	三四九2	「猕獲―」
コケラ	柹	一二八5	三六九2	三七一2	
ココニ	扵	七九7	三二六5	三二八5	コ、ニ、ニ×
ココロサシ	操	六八2	三一六3	三一八3	心サシ
	挌	七八2	三二五1	三二七1	心サシ
	植	一〇二1	三四五8	三四七8	心サシ、字形小異
	桓	一〇二2	三四六1	三四八1	心サシ
ココロシラフ	朖	二七1	二八〇3	二八二3	心シラフ
ココロノハシラ	檫	一三三4	三七三4	三七五4	心ノハシラ
ココロハセ	操	六八2	三一六3	三一八3	心ハセ
	心操	六八2	三一六3	三一八3	「心―」コ、ロハセ
	擦行	六八3	三一六4	三一八4	「―行」心ハセ
ココロヨク	頽然	三八7	三九〇6	三九二6	「―然」コ、ロヨク
ココロヨシ	頼	三四4	二八六7	二八八7	心ヨシ
	撜	七二3	三一九8	三二一8	心ヨシ
コシアフラノキ	金漆木	九八6	三四三1	三四五1	「金漆―」
コシカタ	橛	一三三3	三七三3	三七五3	

コシキ	櫓	一一一5	三五四3	三五六3	
	窠	一四一1	三八〇1	三八二1	コシ×
コシホネ	髂	一一1	二六六3	二六八3	コシ小ネ
コスキ	杴	一三一7	三七二1	三七四1	
コスヱ	朶	一〇九3	三五二3	三五四3	
	標	一二一2	三六二6	三六四6	
	杪	一二四3	三六五4	三六七4	
	梢	一二四3	三六五4	三六七4	
	槙	一二五7	三六六7	三六八7	
コソクル	擽	七九6	三二六4	三二八4	
	攊	八九3	三三四7	三三六7	
	擽	八九3	三三四7	三三六7	
コツノ	艒	一六3	二七〇8	二七二8	
コトク	猶	一五〇2	三八八1	三九〇1	
コトコトニ	標	六一3	三一〇3	三一二3	ヿ々ニ
コトシ	類	三九2	二九〇8	三九二8	類×
	猶	一五〇2	三八八1	三九〇1	シ傍書
コトチ	柱	一二八5	三六九2	三七一2	
コトニ	觸	一六5	二七一2	二七三2	ニ×
コトハル	撥	八七1	三三二7	三三四7	ヿハル
コナス	擾	七五1	三二二3	三二四3	
コナタアナタ	雨頭	二九1	二八二1	二八四1	「雨—」
コノコロ	頃	三二1	二八四6	二八六6	ロ×

	頃来	三二3	二八四8	二八六8	「—来」
	頃者	三二3	二八四8	二八六8	「—者」
コノミ	果	一二八1	三六八6	三七〇6	
コノム	擧	七二1	三一九6	三二一6	
コハシ	抵	七五7	三三三1	三三五1	ハシ×、抵×
	攄	七六1	三三三2	三三五2	攄×
	槙	一二五6	三六六6	三六八6	
	獷	一五六2	三九三3	三九五3	
コハタ	櫟	一三二2	三七二3	三七四3	
コハム	抗	五一3	三〇一5	三〇三5	
	對扞	六三3	三一二1	三一四1	「對—」
	捍	六三3	三一二1	三一四1	
	挌	七八2	三二五1	三二七1	
	拒	七九2	三二五8	三二七8	
	杭	一一六4	三五八5	三六〇5	
コヒシク	択	九六3	三四〇7	三四二7	
コフ	責	二二6	二七六5	二七八5	
コフシ	奉	四九3	二九九7	三〇一7	シ×
	捧	四九3	二九九7	三〇一7	
コフシウチ	掃	五六1	三〇五6	三〇七6	
	相掃	五六1	三〇五6	三〇七6	「相—」
コホス	棄	一二七7	三六八5	三七〇5	コ小ス
コホリ	縣	二八5	二八一6	二八三6	コ小リ

和訓	漢字	宝本所在	観本所在	天本所在	注記
コホル	撤	七七4	三二四4	三二六4	コ小ル、字形小異
コマカニ	播	八八7	三三四4	三三六4	
コマツツラ	椐	一〇六4	三四九7	三五一7	コマツ、ラ
コマヌク	拱	六九3	三一七3	三一九3	
コマヒ	梠	一一〇2	三五三1	三五五1	
	櫚	一一〇6	三五三5	三五五5	
コマヤカニ	擢	六五7	三一四3	三一六3	マ×
コムラ	樴	一三四4	三七四3	三七六3	
コモル	攬	五三2	三〇三2	三〇五2	
コル	捲	六七7	三一六1	三一八1	
コレ	拎	七九7	三二六5	三二八5	
コロス	拙	九四4	三三九2	三四一2	
	獮	一四九7	三八七7	三八九7	
コロモキル	揲	八五3	三三一3	三三三3	
コロモノクヒ	領	三一5	二八四3	二八六3	衣ノクヒ
コロモハリ	椀	一三八6	三七八1	三八〇1	コ×
サ					
サイ	頭子	二九2	二八二2	二八四2	「―子」
サイクサ	三枝	一四六5	三八四8	三八六8	「三―」
サイツチ	揆	七三2	三二〇6	三二二6	ツ×
	柊楑	一〇一4	三四五4	三四七4	イツ×
	桴	一〇五6	三四九2	三五一2	
	槌	一二一1	三六二5	三六四5	
サイトコロ	項嘗	三一7	二八四5	二八六5	
サイノハナツノ	奴角	一四5	二六九4	二七一4	犀ノハナツノ
	食角	一四5	二六九4	二七一4	「食―」
サイハヒ	杏	一二八2	三六八7	三七〇7	
	棉	一三七5	三七七1	三七九1	イハヒ×
サイミ	貲	二一6	二七五6	二七七6	サイ×、サイミ布
サカキ	龍眼木	九八3	三四二6	三四四6	「龍眼―」
サカサマ	顚	三四2	二八六5	二八八5	
サカシ	賢	一九7	二七四1	二七六1	
	哲	七六4	三二三5	三二五5	
	拒	七九3	三二六1	三二八1	サ×
	標	一二一2	三六二6	三六四6	
	猗々	一五一4	三八九2	三九一2	
サカス	揚	六七1	三一五3	三一七3	カス×、揚×
サカツキ	觴	一五2	二六九8	二七一8	

訓	字				備考
	舤	一五3	二七〇1	二七二1	
	觥	一五4	二七〇2	二七二2	
	觶	一五5	二七〇3	二七二3	
	艩	一九3	二七三5	二七五5	
	杯	一四一5	三八〇5	三八二5	
	榼	一四一6	三八〇6	三八二6	
サカフネ	槽	一一一6	三五四4	三五六4	サカフ子
	酒槽	一二六5	三六七4	三六九4	「酒―」サカフ子
サカユ	般	五5	二六一5	二六三5	
	爵	一四九2	三八七2	三八九2	字形小異
	状	一五一6	三八九4	三九一4	
	獻	一五一7	三八九5	三九一5	
サカリ	賥	二三4	二七七2	二七九2	
	栥	一〇七6	三五〇8	三五二8	
サカリナリ	捷	七〇7	三一八6	三二〇6	カリナ×
	榮	一二六7	三六七6	三六九6	サカ×、榮×
サカリニ	爵	一四九3	三八七3	三八九3	字形小異
サキ	捨	六五3	三一三6	三一五6	
サク	掣	五二1	三〇二2	三〇四2	
	拮	五二6	三〇二7	三〇四7	
	擘	五四1	三〇三8	三〇五8	
	摵	五五2	三〇四8	三〇六8	
	掐	五八6	三〇八1	三一〇1	

訓	字				備考
	抔	六二5	三一一4	三一三4	
	撲	六七2	三一五4	三一七4	
	撕	七二2	三一九7	三二一7	ク×
	〔扌慧〕	八〇6	三一七3	三一九3	
	擘	八二5	三一八8	三二〇8	字形小異
	擗	八二6	三一九1	三二一1	字形小異
	折	八六6	三二二5	三二四5	
	搠	八七2	三二二8	三二四8	
	捉	九二2	三二七3	三二九3	
	柞	一三二2	三七二3	三七四3	
	析	一三四4	三七四3	三七六3	
	栗	一三五5	三七五3	三七七3	
	徹	一六一1	三九七5	三九九5	徹×
サクキ	标	一二四1	三六五2	三六七2	
サクハヒ	頼	三四4	二八六7	二八八7	[観] サイハヒ
サクラ	櫻	一〇〇1	三四四2	三四六2	
サクリトル	操	七六7	三二三8	三二五8	
サクル	攬	五三2	三〇三2	三〇五2	
	攕	五四5	三〇四4	三〇六4	
	探	五七1	三〇六5	三〇八5	
	搜	五七2	三〇六6	三〇八6	サク×
	捜	五七3	三〇六7	三〇八7	
	〔扌复〕	五七3	三〇六7	三〇八7	

和訓	漢字	宝本所在	観本所在	天本所在	注記
	探	五九5	三〇八7	三一〇7	
	捃	六五5	三一四1	三一六1	
	摸	六七4	三一五6	三一七6	
	擩	七〇1	三一七7	三一九7	ク×
	摺	七三5	三二一1	三二三1	
	抒	七四6	三二二1	三二四1	
	撢	七五4	三二二6	三二四6	
	捫	七五5	三二二7	三二四7	
	捽	七八1	三二四8	三二六8	
	撎	八八2	三三三7	三三五7	
	摀	八八4	三三四1	三三六1	
	托	八九3	三三四7	三三六7	
	〔木叟〕	一四二3	三八一2	三八三2	
サクロ	楛榴	一二三2	三六四4	三六六4	「—榴」
サケフ	換	八八6	三三四3	三三六3	
ササク	捧	四九4	二九九8	三〇一8	サ、ク、ク×
	擊	五二6	三〇二7	三〇四7	サ、ク
	攦	五六3	三〇五8	三〇七8	サ、ク
	搴	五六4	三〇六1	三〇八1	サ、ク
	拓	七五2	三二二4	三二四4	サ、ク
	挌	七八2	三二五1	三二七1	サ、ク
	搏	八五5	三三一5	三三三5	サ、ク
	抲	九四2	三三八8	三四〇8	サ、ク
	扑	九五1	三三九6	三四一6	サ、ク
	托	九五3	三三九8	三四一8	サ、ク
ササクリ	杬	一一六3	三五八4	三六〇4	サ、クリ
	杬子	一一六3	三五八4	三六〇4	「—子」サ、クリ
	栅	一一九2	三六〇8	三六二8	サ、クリ
ササケ	豆角	一四7	二六九6	二七一6	「豆—」サ、ケ
ササフ	扰	五一1	三〇一3	三〇三3	サ、フ
	柱	七六4	三一三5	三一五5	サ、フ
	捂	八五7	三三一7	三三三7	サ、フ
	枕	一一六6	三五八7	三六〇7	サ、フ
	檣	一二三3	三六三6	三六五6	字形小異、サヲサ、フか
	柱	一二八5	三六九2	三七一2	サ、フ
	枝	一四六4	三八四7	三八六7	サ、フ
ササル	扲揀	八〇3	三二六8	三二八8	サ、ル
サシ	擬	九三5	三三八4	三四〇4	
	狹	一五二6	三九〇3	三九二3	
サシクシ	刺櫛	一三五3	三七五1	三七七1	「刺—」
サシクスヌク	攙	八六2	三三二1	三三四1	
サシサス	行指	四九2	二九九6	三〇一6	「行—」

訓	字				備考
サシタツ	柱	二一八5	二六九2	三七一2	
サシハサム	攙	六三6	三二二4	三一四4	
	捶	七〇5	三一八4	三一〇4	
	扱	七〇6	三一八5	三一〇5	
	掋	七〇6	三一八5	三一〇5	
	揺	七〇6	三一八5	三一〇5	
	排	七〇7	三一八6	三一〇6	サシハ×
	捽	七八1	三一四8	三一六8	
	攜	七九6	三一六4	三一八4	
	押	八八5	三二四2	三三六2	
	搆	九三1	三三七8	三三九8	上のサ×、字形小異
	挾	九三2	三三八1	三四〇1	
	扑	九五1	三三九6	三四一6	サシ×、ム×
	揩	九五5	三四〇2	三四二2	
	榣	一四三1	三八一7	三八三7	
サシヒタス	擩	七〇1	三一七8	三一九8	擩×
サシフノキ	𪀚木	九八6	三四三1	三四五1	ノ×
サシフル	杌	一三六6	三七六3	三七八3	
サシマネク	搗	八八4	三三四1	三三六1	サシマ子ク
サス	指	四八6	二九九3	三〇一3	サ爪
	挽	五〇7	三〇一2	三〇三2	
	掐	五八6	三〇八1	三一〇1	ス×
	撙	五九6	三〇八8	三一〇8	字形小異

訓	字				備考
	插	七〇5	三一八4	三一〇4	
	揾	七三6	三二一2	三二三2	ス×
	捒	八〇2	三二六7	三二八7	
	抓	八二4	三二八7	三三〇7	
	擘	八二6	三二九1	三三一1	サ×、字形小異
	捺	八三1	三二九3	三三一3	
	摡	八五7	三三一7	三三三7	
	攙	八六2	三三二1	三三四1	
	搗	八八4	三三四1	三三六1	
	棬	一〇〇6	三四四7	三四六7	サス×
	桀	一〇四2	三四七7	三四九7	
	杈首	一一九7	三六一5	三六三5	「—首」字音
サスエ	棬	一〇〇6	三四四7	三四六7	ス×
サタシ	貞	二八4	二八一5	二八三5	
サタム	贅	二一4	二七五4	二七七4	
	擭	五六3	三〇五8	三〇七8	
	折	八六5	三三二4	三三四4	
サツク	領	三一5	二八四3	二八六3	
	揖	六〇2	三〇九3	三一一3	
	授	九五1	三三九6	三四一6	
	桴	一〇五6	三四九2	三五一2	ツ×
サト	村	一一〇7	三五三6	三五五6	
サトル	體	一〇2	二六五5	三六七5	サ×

和訓	漢字	宝本所在	観本所在	天本所在	注記
	解	一四7	二六九6	二七一6	
	捷	七一2	三一八8	三二〇8	
	哲	七六4	三二三5	三二五5	
	木	九八1	三四二4	三四四2	
サネ	桍	一二四2	三六五3	三六七3	サ子
サハカシ	捺	六八2	三一六3	三一八3	
	櫌	一〇一2	三四五2	三四七2	
サハク	攬	五三2	三〇三2	三〇五2	
	梟	一四七5	三八五7	三八七7	
サハル	攔	七五6	三二二8	三二四8	
	攘	八二2	三二八5	三三〇5	
サフ	擁	八七3	三三三1	三三五1	
サホ	擲	八七2	三三二8	三三四8	サ小
サホサス	擲	八七2	三三二8	三三四8	サ小サス
サマ	摸	六七4	三一五6	三一七6	マ×
サマサマ	撲	七二6	三二〇3	三二二3	撲×、サマ〱
サム	費	二七3	二八〇5	二八二5	
サモモ	麦李	一〇三5	三四七3	三四九3	サモ、
サヤマキ	質	二六1	二七九4	二八一4	
サラキ	櫂	一一五6	三五七8	三五九8	
サラタヒ	迸振	六六3	三一四6	三一六6	
サラヒ	櫂	一一五7	三五八1	三六〇1	
サラフ	撰	九〇7	三三六2	三三八2	
	抑	九三4	三三八3	三四〇3	サラ×
サル	擿	七〇3	三一六2	三一八2	
	攢	七四3	三二一6	三二三6	
	撤	七七4	三二四4	三二六4	字形小異
	批	八三6	三二九8	三三一8	
	猕獲	一四九7	三八七7	三八九7	
	猨猴	一五〇1	三八七8	三八九8	
	猿狖	一五二4	三九〇1	三九二1	ノサル
サヲ	攕	五四5	三〇四4	三〇六4	
	撐	六四1	三一二6	三一四6	サ×
	擢	六五7	三一四3	三一六3	
	榜	一一四6	三五七1	三五九1	
	棹	一一五7	三五八1	三六〇1	
	檣	一二三3	三六三6	三六五6	字形小異、サヲサ〻フか
	檡	一二五2	三六六2	三六八2	
	橈	一三一6	三七一8	三七三8	
	櫼	一三二6	三七二7	三七四7	ヲ×
サヲサス	攕	五四5	三〇四4	三〇六4	

シ

シイ	櫟	一二三6	三六四8	三六六8	
シカ	獐	一六〇7	三九七4	三九九4	
シカルヒト	抑	九三4	三三八3	三四〇3	シカル人
シカルカユヘニ	肆	四一7	二九三3	二九五3	ヘニ×
シキイタ	槽	一一一6	三五四4	三五六4	
	櫪	一三四7	三七四5	三七六5	
シキミ	榓	一四四5	三八三2	三八五2	
シキリナリ	頻	三〇4	二八三3	二八五3	
シク	賦	二六3	二七九6	二八一6	
	肆	四一7	二九三3	二九五3	
シケシ	揭	六六7	三一五2	三一七2	シケ×
	枕	一一六6	三五八7	三六〇7	
	柴	一一八6	三六〇5	三六二5	
	欝	一四九3	三八七3	三八九3	字形小異
シタカタ	模	一一九2	三六〇8	三六二8	
シタカフ	頒	二九6	二八二6	二八四6	
	順	三三3	二八五7	二八七7	フ×、順×
	拼	五九7	三〇九1	三一一1	タ×
	擾	七四7	三二二2	三二四2	シタ×
	扵	七九7	三二六5	三二八5	

	振	八一6	三二八2	三三〇2	
シタクヒ	頡	三七5	二八九5	二九一5	
シタシトテヒク	掎	五七6	三〇七2	三〇九2	
シタタム	摳	五四3	三〇四2	三〇六2	シタ、ム
	挑	八三6	三二九8	三三一8	シタ、ム
シタタル	贒	二八5	二八一6	二八三6	シタ、ル
シタチ	棧	一一二3	三五四8	三五六8	
	校	一四五7	三八四3	三八六3	
	助枝	一四六4	三八四7	三八六7	「助—」チ×
シタリヤナキ	小楊	九九4	三四三6	三四五6	「小—」
	柳	九九4	三四三6	三四五6	
シチ	梋	一一六1	三五八2	三六〇2	
	楊	一一六2	三五八3	三六〇3	
シツカナリ	顗	三八6	三九〇5	三九二5	シ×
	捷	七一2	三一八8	三二〇8	
	按	八九1	三三四5	三三六5	
	捿	九二6	三三七6	三三九6	
シツカニ	擬	九三5	三三八4	三四〇4	
	案	一三一2	三七一4	三七三4	
シツカニス	猶	一五二5	三九〇2	三九二2	
シツム	掃	五六2	三〇五7	三〇七7	
	撥	八七1	三三二7	三三四7	
シツメマモル	鎮捍	六三3	三一二1	三一四1	

和訓	漢字	宝本所在	観本所在	天本所在	注記
シテ	扵	七九7	三二六5	三二八5	
シテケリ	措	六八7	三一六8	三一八8	措×
シトミ	椋	一〇四4	三四八1	三五〇1	
シナ	類	三九2	二九〇8	二九二8	類×
シナフ	順	三三3	二八五7	二八七7	順×
	髟	四一5	二九三1	二九五1	シ×
	欝	一四九3	三八七3	三八九3	字形小異
シヌ	楨	一四七4	三八五6	三八七6	
シハ	柴	一一八6	三六〇5	三六二5	
シハカキ	杷	一一八3	三六〇2	三六二2	字形小異
シハシハ	頻	三〇4	二八三3	二八五3	シハ〱
シハタク	枉	一二八6	三六九3	三七一3	
シハノタキキ	樵	一一五5	三五七7	三五九7	シハノタキ、
シハム	扼	五〇4	三〇〇7	三〇二7	
シハヤイテ	柴	一一八6	三六〇5	三六二5	
シハラク	斯頃	三二2	二八四7	二八六7	「斯—」
	何項	三二2	二八四7	二八六7	「何—」
	少項	三二2	二八四7	二八六7	「少—」
	俄項	三二2	二八四7	二八六7	「俄—」
	擢	四九6	三〇〇2	三〇二2	
	撻	六八4	三一六5	三一八5	

和訓	漢字	宝本所在	観本所在	天本所在	注記
シハル	摶	八五6	三三一6	三三三6	
シヒ	椎	一一五4	三五七6	三五九6	
シフシ	杜	一二九1	三六九5	三七一5	上下のシ×
	檤	一二九3	三六九7	三七一7	
シフク	攕	五四5	三〇四4	三〇六4	
シホム	彫	四〇5	二九二2	二九四2	シ小ム
シホル	抔	六二5	三一一4	三一三4	シ小ル
	捹	六三1	三一一7	三一三7	シ小ル
	擣	八七6	三三三4	三三五4	シ小ル
	搗	八七6	三三三4	三三五4	シ小ル
	押	八八5	三三四2	三三六2	シ小ル
シム	拼	五九7	三〇九1	三一一1	
	挫	七六6	三二三7	三二五7	
シメ	摽	六一3	三一〇3	三一二3	シ×
シメス	指	四八6	二九九3	三〇一3	
シモタケフルフ	抖	七七2	三二四2	三二六2	
シモツヒケ	鬌	四二7	二九六8	二九八8	ツヒ×
シモト	棒	一〇〇4	三四四5	三四六5	
	椐	一二三2	三六四4	三六六4	
シヤウト	青桐	一〇七3	三五〇5	三五二5	「青—」
シユウロ	椶	一〇四6	三四八3	三五〇3	

シラカ	鬢	四五6	二九四4	二九六4	
シラカリ	擩	九六1	三四〇5	三四二5	
シラクチ	猕獲枇	一〇三4	三四七2	三四九2	「猕獲―」
シリ	挐	六三7	三一二5	三一四5	
シリソク	貶	二三3	二七七1	二七九1	
	彫	四〇4	二九二1	二九四1	ク×
	擯	五七5	三〇七1	三〇九1	シ×、ク×
	攘	八二2	三二八5	三三〇5	
	挑	八三6	三二九8	三三一8	
	徹	一六一1	三九七5	三九九5	ソ×、ク×、徹×
シリノホネ	髁	一二2	二六七3	二六九3	シリノ小ネ
シリヘム	骮	一〇5	二六五8	二六七8	
シリホネ	髖	一〇7	二六六2	二六八2	シリ小ネ
シル	解	一四7	二六九6	二七一6	
	哲	七六4	三二三5	三二五5	
	松諸	一〇三1	三四六6	三四八6	「―諸」シル×
シルシ	摽	六一3	三一〇3	三一二3	
シルス	掐	五八6	三〇八1	三一〇1	
	標	六一2	三一〇2	三一二2	ルス×
	撤	七七1	三二四1	三二六1	
	押	八八5	三三四2	三三六2	
シルヘ	指南	四八6	二九九3	三〇一3	
シロ	質	二五7	二七九3	二八一3	シ×
シロシ	杲	一二八3	三六八8	三七〇8	
シロム	擣押	八七7	三三三5	三三五5	「―押」ム×

ス

ス	捿	九二5	三三七5	三三九5	
	插	九二6	三三七6	三三九6	
	栖	一〇二2	三四六1	三四八1	
スカタ	體	一〇2	二六五5	二六七5	
	身體	一〇3	二六五6	二六七6	
スカル	扶	六二2	三一一1	三一三1	
スキ	杉	一〇五3	三四八7	三五〇7	
	榅	一〇五3	三四八7	三五〇7	
スキクレ	榅槫	一三四1	三七三8	三七五8	「榅―」
スキノキ	槐	一〇九6	三五二6	三五四6	
スク	揘	五一5	三〇一7	三〇三7	
	賺	二三4	二七七2	二七九2	
スクフ	拖	五〇1	三〇〇4	三〇二4	ク×
	抗	五一3	三〇一5	三〇三5	ス×
	掂	五一7	三〇二1	三〇四1	
	扶	六一7	三一〇7	三一二7	フ×
	捶	六四3	三一二8	三一四8	
	挺	七一4	三一九2	三二一2	

和訓	漢字	宝本所在	観本所在	天本所在	注記
	拯	七二3	三一九8	三二一8	字形小異
	撜	七二3	三一九8	三二一8	
	搽	七二3	三一九8	三二一8	
	抍	七二4	三二〇1	三二二1	字形小異
	㧃	七四4	三二一7	三三三7	
	操	七六7	三二三7	三二五7	
	振	八一6	三一八2	三三〇2	
	捄	九四4	三三九2	三四一2	
	枡	一一九6	三六一4	三六三4	
	巣	一四二1	三八〇8	三八二8	
スクム	髟	四一2	二九二6	二九四6	爪クム
スクル	長	四一5	二九三1	二九五1	爪クル
	捷	七一2	三一八8	三二〇8	
スケ	挨	六〇6	三〇九7	三一一7	[観] スチ
	扶	六二2	三一一1	三一三1	
	捶	六四3	三一二8	三一四8	[観] スチ
	槐	一〇九6	三五二6	三五四6	
	榰	一二七5	三六八3	三七〇3	
	相	一三三3	三七三3	三七五3	
スコシ	眨	二三3	二七七1	二七九1	
スコフル	頗	二九7	二八二7	二八四7	爪コフル、コピーにあり
スス	肆	四一7	二九三3	二九五3	ス、
ススク	推	八四2	三三〇3	三三二3	スク傍書
ススシロ	醬	四五2	二九三8	二九五8	ス、シロ
ススム	賛	二七5	二八〇7	二八二7	ス、ム
	搽	七二3	三一九8	三二一8	ス、ム
	㨾	七二5	三二〇2	三二二2	ス、ム
	提	九三7	三三八6	三四〇6	ス、ム
	献	一五一7	三八九5	三九一5	ス、ム
ススロ	贅	二一4	二七五4	二七七4	ス、ロ
スタル	挽	五〇7	三〇一2	三〇三2	
	扵	七九7	三二六5	三二八5	
スチユフ	髻髪	四七5	二九六1	二九八1	「髻—」二語か
スツ	貿	二一2	二七五2	二七七2	爪ツ
	賛	二七5	二八〇7	二八二7	
	肆	四一7	二九三3	二九五3	ツ×
	抛	五一1	三〇一3	三一三3	
	抾	五三4	三〇三4	三〇五4	
	搷	五七5	三〇七1	三〇九1	
	抺	六二2	三一一1	三一三1	
	扞	六三2	三一一8	三一三8	
	捨	六五3	三一三7	三一五7	

見出し	漢字				備考
	揞	六七6	三一五8	三一七8	
	抵	七五7	三一三1	三一五1	抵×、ツ×
	摷	七六7	三一三8	三一五8	
	撤	七七4	三一四4	三一六4	
	挬	七九5	三一六3	三一八3	
	振	八一6	三一八2	三二〇2	
	攘	八二3	三一八6	三二〇6	
	推	八四2	三二〇3	三二二3	
	撥	八六7	三二二6	三二四6	
	捎	八八3	三二三8	三二五8	
	損	八八3	三二三8	三二五8	字形小異
	播	八八7	三二四4	三二六4	
	拂	九四3	三三九1	三四一1	
	棄	一二七7	二六八5	二七〇5	
スナハチ	則	二七4	二八〇6	二八二6	チ×
	楷	一〇九7	三五二7	三五四7	
スナホ	質	二五7	二七九3	二八一3	スナ小
スナホナリ	擗	八二7	三二九2	三三一2	スナ小ナリ
スナホニ	摸	六六6	三一五1	三一七1	スナ小ニ
スナヲナリ	朴	一一七3	三五九3	三六一3	
スネ	髄	一一5	二六六7	二六八7	スネ×
スハウ	蘸枋	一一四5	三五六8	三五八8	「蘸—」
スハヘ	楉	一二三2	三六四4	三六六4	

見出し	漢字				備考
	楚	一四九1	三八七1	三八九1	ハ×
スハル	揔	七八7	三二五6	三二七6	揔×、ル×
スフ	撮	五七7	三〇七3	三〇九3	
	摽	六一2	三一〇2	三一二2	フ×
	攕	六三6	三一二4	三一四4	ス×
	攅	七四3	三二一6	三二三6	
	捴	七八7	三二五6	三二七6	
	搆	九二7	三三七8	三三九8	フ傍書、字形小異
スヘカラク—スヘシ	湏	三九2	二九〇8	二九二8	ラク×
スヘキ	搆	九二7	三三七8	三三九8	ヘ×、字形小異
スヘテ	撖	五七7	三〇七3	三〇九3	
	捴	七八7	三二五6	三二七6	ヘテ傍書
	揔	七八7	三二五6	三二七6	揔×、ス×
	擁	八七3	三三三1	三三五1	
	⿰扌豆	九四5	三三九3	三四一3	
スマシム	栖	一〇二2	三四六1	三四八1	
スマヒ	角觝	一五6	二七〇4	二七二4	「角—」
	相撲	六七4	三一五6	三一七6	「相—」
スマヒコハフヤ	拞扞	六三2	三一一8	三一三8	
スマフ	捍	六三3	三一二1	三一四1	
	拒	七九3	三二六1	三二八1	
スミ	角	一四4	二六九3	二七一3	
	拼	五九7	三〇九1	三一一1	

和訓	漢字	宝本所在	観本所在	天本所在	注記
スミカ	捿	九二5	三三七5	三三九5	
	揷	九二6	三三七6	三三九6	
スミキ	栖	一〇二2	三四六1	三四八1	
	桷	一二九6	三七〇2	三七二2	
スミツク	拼	五九7	三〇九1	三一一1	
スミナハ	栟櫚	一〇四5	三四八2	三五〇2	
スミヤカナリ	頻	三〇4	二八三3	二八五3	
	捷	七一2	三一八8	三二〇8	ヤ×
	挾	八〇4	三一七1	三一九1	
	拯	一三五4	三七五2	三七七2	
スミヤカニ	頻	三〇4	二八三3	二八五3	ニ傍書
	挍	六一6	三一〇6	三一二6	ミ×
スム	捿	九二5	三三七5	三三九5	ム×
	揷	九二6	三三七6	三三九6	
スモモ	李	一〇三4	三四七2	三四九2	スモ、
スリコ	擣	八七6	三三三4	三三五4	
スル	扢	五一4	三〇一6	三〇三6	
	批	五一5	三〇一7	三〇三7	
	拮	五二6	三〇二7	三〇四7	
	扙	五三5	三〇三5	三〇五5	
	探	五七1	三〇六5	三〇八5	

和訓	漢字	宝本所在	観本所在	天本所在	注記
	捎	五九3	三〇八5	三一〇5	
	抔	六二5	三一一4	三一三4	
	掄	六四2	三一二7	三一四7	
	摸	六七4	三一五6	三一七6	
	擲	七〇2	三一八1	三二〇1	擲×
	攄	七三4	三二〇8	三二二8	
	揩	七四1	三二一4	三二三4	
	攢	七四2	三二一5	三二三5	ス×
	捫	七五5	三二二7	三二四7	
	探	八五3	三三一3	三三三3	
	攙	八六2	三三二1	三三四1	
	按	八八7	三三四4	三三六4	
	抂	九二7	三三七7	三三九7	
	捷	九六3	三四〇7	三四二7	字形小異
	觫	一〇〇5	三四四6	三四六6	
	楷	一〇九7	三五二7	三五四7	
	槊	一一七1	三五九1	三六一1	ス×
スルコトナシ	頑	三二7	二八五4	二八七4	
スワヱフチ	棰	一一一1	三五三7	三五五7	ス禾ヱフチ
スヱ	頴	三八1	二八九8	二九一8	
	穎	三八2	二九〇1	二九二1	

	摽	六一2	三一〇2	三一二2	ヱ×
	抄	八四6	三三〇7	三三二7	
	挠	八九4	三三四8	三三六8	
	標	一二一2	三六二6	三六四6	
	杪	一二四3	三六五4	三六七4	
	末	一三三6	三七三6	三七五6	
スヱノヨ	末世	一三三6	三七三6	三七五6	「—世」ヨ×

セ

セス	未	一三三7	三七三7	三七五7	
セツカ	脊梁	一一三3	三五五7	三五七7	「脊—」
セハシ	棱	一一四7	三五七2	三五九2	
	狭	一五二6	三九〇3	三九二3	
セミネ	脊梁	一一三3	三五五7	三五七7	「脊—」セミ子
セム	責	二二6	二七六5	二七八5	セ×
セムタム	梅檀	九九1	三四三3	三四五3	ムタ×、字音
セムトス	欲擬	九三6	三三八5	三四〇5	〃〃セムトス
センタン					↓セムタム

ソ

ソク	搣	五五2	三〇四8	三〇六8	
	抒	七四7	三一二2	三一四2	
	掞	九六4	三四〇8	三四二8	
ソコサヲ	柸	一三六6	三七六3	三七八3	ソコナウの誤か
ソコナハフ	損	八八3	三三三8	三三五8	ハ×、フ傍書、字形小異
ソコナハル	損	八八3	三三三8	三三五8	ハ×、字形小異
ソコナフ	敗	二七5	二八〇7	二八二7	
	捘	五五5	三〇五3	三〇七3	
	搖	九〇1	三三五4	三三七4	
ソコム	某	九九6	三四三8	三四五8	
ソシル	貶	二三3	二七七1	二七九1	
ソソク	搣	五五2	三〇四8	三〇六8	ソヽク
	揮	八一5	三二八1	三三〇8	ソヽク
	搣	一一二4	三五五1	三五七1	ソヽク
ソテマクル	揎	五六6	三〇六3	三〇八3	マ×
ソナフ	賛	二七6	二八〇8	二八二8	
	撰	九〇7	三三六2	三三八2	ソナ×
	擬	九三5	三三八4	三四〇4	
	攘	九四5	三三九3	三四一3	
ソネム	猜	一五五7	三九三1	三九五1	ソ子ム
ソハ	捞	九四6	三三九4	三四一4	ソ×
ソハソハ	楞	一四七2	三八五4	三八七4	ソハゝゝ
ソハソハニシ	觚綾	一五4	二七〇2	二七二2	「—綾」ソハ〳〵ニシ
ソハソハニシテ	觚棱	一五3	二七〇1	二七二1	トソハソハニシ

和訓	漢字	宝本所在	観本所在	天本所在	注記
					テ、下のソ×
ソハタツ	頓	三一2	二八三8	二八五8	タツ×
	揹	八六7	三三二6	三三四6	
ソハノキ	柧棱	一一四7	三五七2	三五九2	
ソフ	披	六一5	三一〇5	三一二5	
ソマ	杣	一四六1	三八四4	三八六4	
ソムク	負	二三5	二七七2	二七九2	
	孤肩	二三6	二七七4	二七九4	ソ×
	板樸	七二2	三一九7	三二一7	
ソモソモ	抑	九三3	三三八2	三四〇2	ソモ〱
ソリナカル	搉腫	四九6	三〇〇2	三〇二2	
	擁腫	八七4	三三三2	三三五2	
ソル	鬀	四四5	二九八4	三〇〇4	
	批	八三6	三二九8	三三一8	
	挭	九一7	三三六1	三三八1	
ソレ	某	九九6	三四三8	三四五8	
ソロフ	揃	八九5	三三五1	三三七1	

タ

和訓	漢字	宝本所在	観本所在	天本所在	注記
タイ	柁	一一八3	三六〇2	三六二2	
タカ	青趐	一四3	二六九2	二七一2	
タカシ	賢	一九7	二七四1	二七六1	
	貴	二二7	二七六6	二七八6	
	拮	五二6	三〇二7	三〇四7	
	𢪃	五九2	三〇八4	三一〇4	
	掲	六六6	三一五1	三一七1	
	槁	一二二5	三六三8	三六五8	カ×
	相	一三三3	三七三3	三七五3	
	楚	一四八7	三八六8	三八八8	
タカセフネ	舼	七1	二六二7	二六四7	
タカツラ	顴	三三2	二八五6	二八七6	
タカトノ	樓	一一5	三五四3	三五六3	字形小異
タカハタ	𢹂	九二6	三三七6	三三九6	
	機	一一三1	三五五5	三五七5	
タカヒ	杲	一二八3	三六八8	三七〇8	
タカヒニ	搋	五六3	三〇五8	三〇七8	
	相	一三三2	三七三2	三七五2	ヒニ×
タカフ	略	二二4	二七六3	二七八3	[観]タカラ
	賓	二四5	二七八2	二八〇2	[観]タカラ
	推	八四2	三三〇3	三三二3	
	桒	一〇三6	三四七4	三四九4	

訓	字				備考
タカヘシ	楓	一一三3	三五五7	三五七7	
	相拗	五七4	三〇六8	三〇八8	「相—」
	扠	八二1	三二八4	三三〇4	ヘ×
					[観] カカヘシ
タカラ	資	二〇1	二七四2	二七六2	
	財	二〇1	二七四2	二七六2	
	貨	二〇2	三七四3	二七六3	
	賄	二〇2	二七四3	二七六3	
	貲	二一5	二七五5	二七七5	
	賖	二三2	二七六1	二七八1	カ×
	眯	二三3	二七六2	二七八2	
	睞	二三3	二七六2	二七八2	
	書	二四4	二七八1	二八〇1	
	贊	二六6	二八〇1	二八二1	字形小異
タカラモノ	貨	二〇2	二七四3	二七六3	タカラ牛
タキタカシ	頎	三五4	二八七6	二八九6	
	長	四一5	二九三1	二九五1	
タク	揾	七三6	三三二	三三三1	
タクハフ	資	二〇1	二七四2	二七六2	
	貨	二〇2	二七四3	二七六3	
	貯	二〇4	二七四5	二七六5	
	書	二四4	二七八1	二八〇1	
タクハヘ	貯	二〇4	二七四5	二七六5	ヘ傍書

訓	字				備考
タクヒ	類	三九2	二九〇8	二九二8	類×
	挨	七六7	三三三8	三三五8	
	類	一五二1	三八九6	三九一6	字形小異
タクマシキ	㹤	一五二3	三八九8	三九一8	
タクミ	杅	一〇五5	三四九1	三五一1	
タクム	挌	七八3	三二五2	三二七2	
タクラフ	形	四〇3	二九一8	二九三8	ラ×
	抗	五一3	三〇一5	三〇三5	
	抏	五一3	三〇一5	三〇三5	
	抗	五一4	三〇一5	三〇三5	
	挍	六一6	三一〇6	三一二6	
	格	一〇一5	三四五5	三四七5	
	杭	一一六4	三五八5	三六〇5	
タケ	長	四一5	二九三1	二九五1	タケ×
タケシ	桓	一二一4	三六二8	三六四8	
	猛	一五一5	三八九3	三九一3	
タスク	資	二〇1	二七四2	二七六2	
	賠	二〇7	二七四8	二七六8	ス×
	賛	二七6	二八〇8	二八二8	
	摽	六一3	三一〇3	三一二3	
	援	六一3	三一〇3	三一二3	
	扶	六二2	三一一1	三一三1	
	搥	六四3	三一二8	三一四8	

和訓	漢字	宝本所在	観本所在	天本所在	注記
	操	六八2	三一六3	三一八3	
	抬	六九6	三一七6	三一九6	
	挺	七一5	三一九3	三二一3	
	撜	七二3	三一九8	三二一8	
	揲	七二3	三一九8	三二一8	
	批	八三5	三二九7	三三一7	
	持	八五4	三三一4	三三三4	
	擁	八七3	三三三1	三三五1	
	桼	一〇三6	三四七4	三四九4	
タタ	頌	三九4	二九一2	二九三2	タ、
タタク	擊	五三7	三〇三7	三〇五7	タ、ク
	掐	五八6	三〇八1	三一〇1	タ、ク、タ×
	拱	六九3	三一七3	三一九3	タ、ク
	抧	六九5	三一七5	三一九5	タ、ク
	揮	八一5	三二八1	三三〇1	タ、ク
	擁	八七3	三三三1	三三五1	タ、ク
	擡	八八2	三三三7	三三五7	タ、ク
	抑	九三4	三三八3	三四〇3	タ、ク
タタケ	狸	一五〇2	三八八1	三九〇1	タ、ケ
	猏	一五二5	三九〇2	三九二2	タ、ケ
タタシ	質	二六1	二七九4	二八一4	タ、シ、シ傍書

和訓	漢字	宝本所在	観本所在	天本所在	注記
	擲	八七2	三三二8	三三四8	タ、シ
	栟	一〇四7	三四八4	三五〇4	タ、シ
タタシマ	柰	一二五4	三六六4	三六八4	タ、シマ
タタス	賢	一九7	二七四1	二七六1	タ、ス
	質	二六1	二七九4	二八一4	タ、爪
	貧	二七6	二八〇8	二八二8	タ、ス
	措	五三4	三〇三4	三〇五4	タ、爪
	拏	六三6	三一二4	三一四4	タ、ス
	撿	六五4	三一三8	三一五8	タ、ス
	擿	七〇3	三一八2	三二〇2	タ、ス
	擧	七二1	三一九6	三二一6	タ、ス
	挌	七八3	三二五2	三二七2	タ、ス
	搆	九三1	三三八1	三四〇1	タ、ス、字形小異
	拂	九四3	三三九1	三四一1	タ、ス
タタム	摳	五四3	三〇四2	三〇六2	タ、ム
	拈	九二4	三三七4	三三九4	タ、ム
タタリカタ	栭	一〇二3	三四六2	三四八2	タ、リカタ
タチ	栔	一四三1	三八一7	三八三7	
タチカミ	髟	四一5	二九三1	二九五1	
	鬣	四二7	二九六8	二九八3	
	髦	四三5	二九七5	二九九5	

	鬠	四四3	二九八2	三〇〇2	鬠×
	髩	四六3	二九四8	二九六8	
タチノツカ	欄	一四四4	三八三1	三八五1	
タチハナ	橙	一一二1	三五四6	三五六6	
	橘	一二五4	三六六4	三六八4	タ×
	樆	一四六2	三八四5	三八六5	タチ花
タチハナノカハ	橘皮	一二五5	三六六5	三六八5	「—皮」
タチマチ	項	三一7	三八四5	三八六5	
タチマチニ	頓	三一1	二八三7	二八五7	
タチモトホル	桓	一二一4	三六二8	三六四8	タチモトホル、モ×
タツ	拋	五一1	三〇一3	三〇三3	
	捥	五一6	三〇一8	三〇三8	
	擭	五六3	三〇五8	三〇七5	
	掲	六六6	三一五1	三一七1	
	捲	六七7	三一六1	三一八1	ツ×
	揵	七〇7	三一八6	三二〇6	ツ×
	折	八六5	三三二4	三三四4	
	按	八九1	三三四5	三三六5	タ×
	樹	九八5	三四二8	三四四8	
	植	一〇二1	三四五8	三四七8	
	柱	一二八5	三六九2	三七一2	
タツサハル	携	八四3	三三〇4	三三二4	ハル傍書
タツサフ	攜	八四3	三三〇4	三三二4	

	携	八四3	三三〇4	三三二4	
	攜	八七5	三三三3	三三五3	
タツヌ	抵	七五7	三一三1	三一五1	抵×
	推	八四1	三三〇2	三三二2	
タツネ	推	八四1	三三〇2	三三二2	
タテ	楯	一二九2	三六九6	三七一6	二段目
	楯	一二九2	三六九6	三七一6	四段目
	梱	一三〇1	三七〇4	三七二4	
タテキ	柟	一〇二6	三四六5	三四八5	字形小異
タテマツリイル	獻納	一五二1	三八九6	三九一6	「—納」
タテマツル	貢	二六3	二七九6	二八一6	
	獻	一五一7	三八九5	三九一5	
タナ	舷	五4	二六一4	二六三4	
	棚	一一三5	三五六1	三五八1	
	棚欄	一一三6	三五六2	三五八2	
タナウラ	掌	四八2	二九八7	三〇〇7	
タナココロ	掌	四八2	二九八7	三〇〇7	タナコ、ロ
タナスヱ	手子	四八1	二九八6	三〇〇6	
	指頭	四九2	二九九6	三〇一6	「—頭」
タナソコ	掌	四八2	二九八7	三〇〇7	ナ×
タナホ	推	八四2	三三〇3	三三二3	ナホ傍書
タヌキ	狸	一五〇2	三八八1	三九〇1	
タネ	類	三九2	二九〇8	二九二8	類×、タ子

和訓	漢字	宝本所在	観本所在	天本所在	注記
タノシ	緜	八5	二六四2	二六六2	
	頼	三四4	二八六7	二八八7	タノミか
	顗	三八6	二九〇5	二九二5	タノ×
タノシヒ	般	五5	二六一5	二六三5	
	額	三四1	二八六4	二八八4	
	緜	一〇〇5	三四四6	三四六6	
	樂	一二三7	三六五1	三六七1	
タノシフ	捨	九四6	三三九4	三四一4	
タノム	負	二三5	二七七3	二七九3	
	頼	三四3	二八六6	二八八6	
	擢	四九5	三〇〇1	三〇二1	
	狃	一五二2	三八九7	三九一7	
タノモシ	扶	六二2	三一一1	三一三1	
タハカル	擢	四九5	三〇〇1	三〇二1	
タハヌ	把	四九7	三〇〇3	三〇二3	ハ×
タハマス	橈	一三一6	三七一8	三七三8	
タハム	揉	六五6	三一四2	三一六2	タ×
	撓	八九4	三三四8	三三六8	
タヒ	般	五5	二六一5	二六三5	タ×
	搷	六六2	三一四5	三一六5	
タヒラカナリ	掌	四八2	二九八7	三〇〇7	ラ×
タヒラカニ	質	二五7	二七九3	二八一3	
タフ	榛子	一三一3	三七一5	三七三5	フ×
タフサ	捖	五一6	三〇一8	三〇三8	
タフス	撲	六七2	三一五4	三一七4	フス×
タフトシ	貴	二二7	二七六6	二七八6	
タフトフ	貴	二二7	二七六6	二七八6	フ傍書
タフル	顚	三四2	二八六5	二八八5	
	撥	八七1	三三二7	三三四7	ル×
	獱	一五六2	三九三3	三九五3	
タヘタリ	肆	四一7	二九三3	二九五3	
タマ	鉛丹	九5	二六五1	二六七1	「鉛―」
タマサカ	挑	八三6	三二九8	三三一8	
タマヒス	賞	二六5	二七九8	二八一8	ヒ傍書、ヒタマヒ爪
タマヒモノ	賜	二七5	二八〇7	二八二7	タマヒ牛
タマフ	貺	二〇5	二七四6	二七六6	
	賚	二二5	二七六4	二七八4	
	贖	二三2	二七六8	二七八8	
	賑	二三4	二七七2	二七九2	フ×
	賞	二六5	二七九8	二八一8	
	賜	二七5	二八〇7	二八二7	
タマモノ	貺	二〇6	二七四7	二七六7	タマ牛、牛×

訓	字				備考
	賚	二二5	二七六4	二七八4	タマ牛
タマモノス	賞	二六5	二七九8	二八一8	タマ牛爪
タム	擎	五二6	三〇二7	三〇四7	
	択	六二1	三一〇8	三一二8	択×
	揉	八八1	三三三6	三三五6	
	搦	九四1	三三八7	三四〇7	
タムキ	石檀	九九2	三四三4	三四五4	字形小異
タムタク	拱	六九3	三一七3	三一九3	
	岳拱	六九4	三一七4	三一九4	「岳―」
タムナウテ	徒搏	八五6	三三一6	三三三6	トタムナウテ
タメシ	摸	六七4	三一五6	三一七6	
	⿰扌羕	七二5	三二〇2	三二二2	
	⿰扌羨	七二6	三二〇3	三二二3	⿰扌羨×
	模	一一九2	三六〇8	三六二8	タ×
タモツ	賣	二〇3	二七四4	二七六4	ツ×
	湏	三九1	二九〇7	二九二7	
	掫	五八1	三〇七4	三〇九4	
	扞	六三2	三一一8	三一三8	
	抧	六九5	三一七5	三一九5	ツ×
	持	八五4	三三一4	三三三4	
タモノキ	石檀	九九2	三四三4	三四五4	字形小異
タヤスシ	接	九三6	三三八5	三四〇5	
タユム	⿰扌者	六七6	三一五8	三一七8	ム×

訓	字				備考
タヨリ	頼	三四3	二八六6	二八八6	
タラ	桜	一〇五5	三四九1	三五一1	
タル	擢	六五7	三一四3	三一六3	タ×
	押	八八5	三三四2	三三六2	
タルキ	榱	一〇九5	三五二5	三五四5	
	⿰木衣	一〇九5	三五二5	三五四5	キ×
	椽	一一三7	三五六3	三五八3	タル×
	橑	一二六7	三六七6	三六九6	ル×
タヲヤカナリ	挠	八九4	三三四8	三三六8	ヲ×
タヲル	捜	五七2	三〇六6	三〇八6	

チ

訓	字				備考
チカツク	狎	一五二6	三九〇3	三九二3	
チカフ	摡	七六1	三二三2	三二五2	
	誓	九五4	三四〇1	三四二1	
チカラオコシメ	贔屓	一九6	二七三8	二七五8	トチカラオコシメ
	屓贔	一九6	二七三8	二七五8	
チチケシ	握齒	八一2	三二七6	三二九6	「―齒」チ、ケシ
チハフ	擋	四八4	二九八8	三〇〇8	チ×、フ×
	擋	五八4	三〇七7	三〇九7	
	援	六一3	三一〇3	三一二3	
チマタ	櫳	一四一2	三八〇2	三八二2	

和訓	漢字	宝本所在	観本所在	天本所在	注記
チラス	擾	七五1	三二二3	三二四3	
チル	費	二七3	二八〇5	二八二5	
	掬	五九4	三〇八6	三一〇6	
ツ					
ツイツ	折	八六6	三三二5	三三四5	
ツイテ	接	九三6	三三八5	三四〇5	
ツウ	抵	七五7	三二三1	三二五1	抵×
ツカ	檽	一〇二4	三四六3	三四八3	
	橈	一一四3	三五六6	三五八6	
	柄	一三〇3	三七〇6	三七二6	
	秘	一三一1	三七一3	三七三3	
	欄	一四四4	三八三1	三八五1	
	楬	一四七4	三八五6	三八七6	字形小異
ツカサトル	賞	二六5	二七九8	二八一8	サト×
	掌	四八2	二九八7	三〇〇7	ツカサ×
ツカヌ	扌絜	五二5	三〇二6	三〇四6	ツカ×
	扲揀	八〇2	三二六7	三二八7	
ツカハシラ	楹	一〇八7	三五一7	三五三7	字形小異
	椽	一一三7	三五六3	三五八3	

和訓	漢字	宝本所在	観本所在	天本所在	注記
	束柱	一二八6	三六九3	三七一3	「束—」
ツカハス	湏	三九1	二九〇7	二九二7	
ツカフ	湏	三九1	二九〇7	二九二7	
ツカマツル	貫	二八2	二八一3	二八三3	
	湏	三九1	二九〇7	二九二7	カマ×
	乘	七二4	三二〇1	三二二1	
	采	一〇六4	三四九7	三五一7	
ツカム	奉	四九3	二九九7	三〇一7	
	攉	四九5	三〇〇1	三〇二1	
	把	四九7	三〇〇3	三〇二3	
	摯	五二3	三〇二4	三〇四4	
	扌絜	五二5	三〇二6	三〇四6	ツカ×、ム傍書
	撃	五三7	三〇三7	三〇五7	
	援	六一3	三一〇3	三一二3	
	擢	六六1	三一四4	三一六4	
	攫	六六1	三一四4	三一四4	
	擭	六七2	三一五4	三一七4	字形小異
	攄	七三4	三一〇8	三一二8	
	握	八一2	三一七6	三一九6	ム×
	攘	八二3	三一八6	三二〇6	
	擘	八二6	三一九1	三二一1	字形小異

	搏	八五5	三三一5	三三三5	
	獢	一五〇7	三八八6	三九〇6	ム×
ツキキ	梨	一四六1	三八四4	三八六4	ツキ、
ツキシラフ	角觹	一七5	二七二1	二七四1	ラフ×
ツキス	撲	六七2	三一五4	三一七4	キス×
ツキヌ	贅	二一4	二七五4	二七七4	ツ×
	貲	二一5	二七五5	二七七5	ツ×
	肆	四一7	二九三3	二九五3	ツキ×
	拯	一三五4	三七五2	三七七2	
	獼	一四九7	三八七7	三八九7	キ×
ツキノキ	槻	一一九7	三六一5	三六三5	キ×
ツキフルフ	拞	七六2	三二三3	三二五3	
ツク	觝	一五6	二七〇4	二七二4	
	觸	一六5	二七一2	二七三2	
	觹	一七5	二七二1	二七四1	
	貲	二一5	二七五5	二七七5	
	贖	二三2	二七六8	二七八8	
	貢	二六3	二七九6	二八一6	
	賜	二七5	二八〇7	二八二7	
	肆	四一7	二九三3	二九五3	
	擋	四八4	二九八8	三〇〇8	
	摏	四九6	三〇〇2	三〇二2	
	揘	五一5	三〇一7	三〇三7	

	掎	五七6	三〇七2	三〇九2	
	擋	五八4	三〇七7	三〇九7	ク×
	捆	五九5	三〇八7	三一〇7	
	挍	六一6	三一〇6	三一二6	
	扙	六二1	三一〇8	三一二8	
	扶	六二2	三一一1	三一三1	ク×
	擢	六六1	三一四4	三一六4	
	搥	七〇7	三一八6	三二〇6	搥×
	拒	七一6	三一九4	三二一4	
	攢	七四3	三二一6	三二三6	
	撞	七五7	三二三1	三二五1	
	柱	七六4	三二三5	三二五5	
	挃	七六5	三二三6	三二五6	ツ×
	抋	七八6	三一五5	三一七5	
	掮	八一4	三一七8	三一九8	
	擠	八二1	三一八4	三二〇4	字形小異
	揘	八二4	三一八7	三二〇7	
	擗	八二6	三一九1	三二一1	字形小異
	推	八四1	三三〇2	三三二2	
	挰	八六1	三三一8	三三三8	
	攙	八六2	三三二1	三三四1	
	擣	八七6	三三三4	三三五4	
	搗	八七6	三三三4	三三五4	

和訓	漢字	宝本所在	観本所在	天本所在	注記
	撞	九一5	三三六7	三三八7	
	揰	九一6	三三六8	三三八8	
	接	九三6	三三八5	三四〇5	
	摲	九五4	三四〇1	三四二1	
	摏	九七7	三四二2	三四四2	
	木兎	九八5	三四二8	三四四8	「—兎」
	棠	一〇四2	三四七7	三四九7	
	橦	一一四4	三五六7	三五八7	
	椄	一一四5	三五六8	三五八8	
	杖	一二四4	三六五5	三六七5	
	柱	一二八5	三六九2	三七一2	ツク杖
ツクス	擢	四九6	三〇〇2	三〇二2	ク×
	把	四九7	三〇〇3	三〇二3	
	抗	五一7	三〇二1	三〇四1	ツ×
	揲	六二7	三一一6	三一三6	揲×
	擭	六七2	三一五4	三一七4	字形小異
	擛	六七3	三一五5	三一七5	
	揮	八一6	三二八2	三三〇2	
ツクノフ	贖	二三2	二七六8	二七八3	
	賃	二七1	二八〇3	二八二3	
ツクノフネ	舶	五3	二六一3	二六三3	ツクノフ子

和訓	漢字	宝本所在	観本所在	天本所在	注記
ツクル	修	四一2	二九二6	二九四6	
	掣	五二1	三〇二2	三〇四2	
	拼	五九7	三〇九1	三一一2	
	摽	六一3	三一〇3	三一二3	
	搆	九三1	三三八1	三四〇1	字形小異
ツクロフ	頓	三一2	二八三8	二八五8	
	摯	五二3	三〇二4	三〇四4	
	搣	五四7	三〇四6	三〇六6	
	擛	六七3	三一五5	三一七5	
	拎捒	八〇2	三二六7	三二八7	
	搆	九三1	三三八1	三四〇1	字形小異
	械	一一二2	三五四7	三五六7	
	椊	一四三7	三八二5	三八四5	
ツクヱ	机	一一七2	三五九2	三六一2	
	案	一三一2	三七一4	三七三4	ツク×
ツケ	黄楊	九九3	三四三5	三四五5	「黄—」
ツタナシ	軼撑	四八3	二九九1	三〇一1	「軼—」
	撓	八九4	三三四8	三三六8	
	拙	九四4	三三九2	三四一2	
	狷	一五六3	三九三4	三九五4	
ツチ	搥	七〇7	三一八6	三二〇6	搥×

	椎	一一五4	三五七6	三五九6	
	檮衣杵	一二七4	三六八2	三七〇2	「檮衣—」チ×
ツチシロ	相	一三三3	三七三3	三七五3	
ツツク	擬	九三5	三三八4	三四〇4	ツ、ク
	接	九三6	三三八5	三四〇5	ツ、ク
ツツシ	鴂	一四四1	三八二6	三八四6	ツ、シ
ツツシム	擿	七〇3	三一八2	三二〇2	ツ、シム
	挌	七八3	三二五2	三二七5	ツ、シム
	誓	九五4	三四〇1	三四二1	ツ、シム
	栗	一三五5	三七五3	三七七3	ツ、シム、シ×
ツツミ	柘	一二三4	三六四6	三六四6	ツ、ミ
ツツム	賷	二〇3	二七四2	二七六2	ツ、ム
	貰	二七4	二八〇6	二八二6	ツ、ム
	掬	五九4	三〇八6	三一〇6	ツ、ム
	摘	七〇4	三一八3	三一〇3	ツ、ム
	揩	九一2	三三六4	三三八4	ツ、ム
	捷	九二5	三三七5	三三九5	ツ、ム
ツツメ	柘	一二三4	三六四6	三六六6	ツ、メ
ツツラヲリ	牙折	八六6	三三二5	三三四5	ツ、ラヲリ、三段目
	牙折	八六6	三三二5	三三四5	ツ、ラヲリ、四段目
ツツル	拼	五九7	三〇九1	三一一1	ツ、ル
	攣	六九5	三一七5	三一九5	ツ、ル
ツト	賕	二一7	二七五7	二七七7	

	賖	二二2	二七六1	二七八1	
	眯	二二3	二七六2	二七八2	
	贅	二六6	二八〇1	二八二1	字形小異
ツトフ	攢	七四3	三二一6	三二三6	
	捷	九二6	三三七6	三三九6	
ツトム	肆	四一7	二九三3	二九五3	トム×
	楙	一四八2	三八六3	三八八3	
ツネ	長	四一5	二九三1	二九五1	
ツネニ	扶	六二2	三一一1	三一三1	扶×、ツ子ニ
ツノ	角	一四4	二六九3	二七一3	
	觚	一五3	二七〇1	二七二1	
ツノル	購	二二1	二七五8	二七七8	
	贖	二三2	二七六8	二七八8	
ツハヒラカナリ	揆	七三2	三二〇6	三二二6	
ツハヒラカニ	折	八六6	三三二5	三三四5	
ツハキ	椿	一〇〇2	三四四3	三四六3	[観] 椿
	海石榴	一二三3	三六四5	三六六5	「海石—」
ツハキノキ	椿	一〇〇2	三四四3	三四六3	[観] 椿
ツハキモモ	李	一〇三4	三四七2	三四九2	ツハキモ、
ツハクム	彫	四〇5	二九二2	二九四2	ハ×
ツヒニ	肆	四一7	二九三3	二九五3	ニ×
	猝	一五二4	三九〇1	三九二1	
ツヒヤス	費	二七3	二八〇5	二八二5	ツヒヤ爪

和訓	漢字	宝本所在	観本所在	天本所在	注記
ツヒユ	費	二七3	二八〇5	二八二5	ユ傍書
ツフウ	頭風	二八7	二八一8	二八三8	「―風」字音
ツフサニ	折	八六6	三三二5	三三四5	
ツフス	搯	五八5	三〇七8	三〇九8	
ツフル	抗	五一7	三〇二1	三〇四1	
ツヘ	棓	一〇〇5	三四四6	三四六6	
ツマハラメ	代指	四九1	二九九5	三〇一5	「代―」ラ×
ツマヨル	搖	九〇1	三三五4	三三七4	
ツミ	戻	一五一7	三八九5	三九一5	
ツミキニス	楢	一〇四5	三四八2	三五〇2	
ツミサク	掣	五二1	三〇二2	三〇四2	
ツム	舶	五3	二六一3	二六三3	
	舫	六4	二六二3	二六四3	
	貯	二〇4	二七四5	二七六5	
	摕	五六2	三〇五7	三〇七7	
	挃	五六5	三〇六2	三〇八2	
	擯	五七4	三〇六8	三〇八8	
	搯	五八6	三〇八1	三一〇1	
	撕	六四1	三一二6	三一四6	撕×
	擢	六六1	三一四4	三一六4	
	擿	七〇3	三一八2	三二〇2	
	摘	七〇4	三一八3	三二〇3	
	擘	八二5	三二八8	三三〇8	字形小異
	掇	八七1	三三二7	三三四7	ツム花
	採	九一5	三三六7	三三八7	
	堤	九三7	三三八6	三四〇6	ツムス、
	楢	一〇四5	三四八2	三五〇2	
	栢	一一五3	三五七5	三五九5	
ツムサク	擘	八二6	三二九1	三三一1	字形小異
ツメ	抓	八二4	三二八7	三三〇7	
ツメシム	梨	一四六1	三八四4	三八六4	ツ×［観］ツシメム
ツメシリ	梨	一四六1	三八四4	三八六4	リ傍書、ツ×
ツモル	折	八六5	三三二4	三三四4	
	掉	九五5	三四〇2	三四二2	
ツラ	頤	三〇2	二八三1	二八五1	
	顴	三二2	二八五6	二八七6	
	頬	三五2	二八七4	二八九4	ツ×
	攉	四九5	三〇〇1	三〇二1	
	権	一一五6	三五七8	三五九8	
ツラシ	猜	一五五7	三九三1	三九五1	
ツラツエツイテ	支頤	三四6	二八七1	二八九1	「支―」支×
ツラナル	般	五5	二六一5	二六三5	

ツラヌ	栟	一〇三5	三四七5	三四九5	ル×
	獥	一六一1	三九七5	三九九5	
	髄	一八7	二七三2	二七五2	
	貫	二八1	二八一2	二八三2	ラヌ×
	肆	四一7	二九三3	二九五3	
	搷	六六3	三一四6	三一六6	
	撤	七七4	三二四4	三二六4	
	捴	七八7	三二五6	三二七6	ラ×
	排	八三7	三三〇1	三三二1	
	椽	一一三7	三五六3	三五八3	
ツラヌク	貫	二八1	二八一2	二八三2	ヌク×
	掾	六六4	三一四7	三一六7	
	探	八五3	三三一3	三三三3	
ツラノカミ	鬢	四四6	二九八5	三〇〇5	
ツラホネ	顴	三六7	二八八7	二九〇7	ツラ小ネ
	顴	三六7	二八八7	二九〇7	ツラ小ネ
ツラヲユルクス	緩頰	三五2	二八七4	二八九4	「緩—」
ツリフネ	艇	五6	二六一6	二六三6	ツリフ子
	舴艋	八3	二六三8	二六五8	「—艋」
	艋	八3	二六三8	二六五8	
ツルハユ	橡	一一四2	三五六5	三五八5	
ツレナシ	強顔	二九2	二八二2	二八四2	「強—」シ×
ツヱ	杖	一二四4	三六五5	三六七5	

ツンサク					↓ツムサク

テ

テ	手	四八1	二九八6	三〇〇6	
テアラヒオモテアラフ	洮頮	三五1	二八七3	二八九3	「洮—」
テウチ	扑	六〇1	三〇九2	三一一2	
テウチマフ	扑	六〇1	三〇九2	三一一2	
	揺	六〇2	三〇九3	三一一3	ウチマ×
テウツ	拚	六〇2	三〇九3	三一一3	
	揺	六〇2	三〇九3	三一一3	
テカシ	梏	一二二7	三六四2	三六六2	
	桎	一二八7	三六九4	三七一4	
	杻	一三〇7	三七一2	三七三2	
テスル	扑	六〇1	三〇九2	三一一2	
	揺	六〇3	三〇九4	三一一4	
テタテ	歩楯	一二九3	三六九7	三七一7	「歩—」
テツカラ	手	四八1	二九八6	三〇〇6	テ×
	手自	四八2	二九八7	三〇〇7	「—自」
	氶	七二4	三三〇1	三三二1	
テツコム	捧	四九3	二九九7	三〇一7	
テナヘ	攣	六九5	三一七5	三一九5	
	拘	七七5	三二四5	三二六5	

和訓	漢字	宝本所在	観本所在	天本所在	注記
テモム	擻	七七1	三二四1	三二六1	モ×、字形小異
テレリ	猗	一五一4	三八九2	三九一2	トテレリ
テヲタムタク	拱	六九4	三一七4	三一九4	
テヲノフル	楀	一三四6	三七四5	三七六5	ヲ×
ト					
トウルハシ	猗〻	一五一4	三八九2	三九一2	↓ウルハシ
トカ	禁	一四九1	三八七1	三八九1	
トカキ	揩	七四1	三二一4	三二三4	カ×
	斗概	一一七2	三五九2	三六一2	
トカタ	抪	六〇5	三〇九6	三一一6	
	檽	一〇二3	三四六2	三四八2	
	料	一二七4	三六八2	三七〇2	
トカミ	楣	一三二5	三七二6	三七四6	
トキ	挺緩	七一5	三一九3	三二一3	「―緩」
トク	解	一四7	二六九6	二七一6	
	肆	四一7	二九三3	二九五3	
	捦	六五3	三一三6	三一五6	
	朷	九四7	三三九5	三四一5	トク×
	果	一二八1	三六七6	三六九6	

和訓	漢字	宝本所在	観本所在	天本所在	注記
トクサ	木賊	二六7	二八〇2	二八二2	度久佐
トクラ	搆	八五5	三三一5	三三三5	
	捿	九二5	三三七5	三三九5	
	構	一二六6	三六七5	三六九5	
トサカ	角	一四4	二六九3	二七一3	
	艉	一八6	二七三1	二七五1	
トサカリニ					↓サカリニ
トサシ	捷	七〇7	三一八6	三二〇6	
	𢪸	七一1	三一八7	三二〇7	𢪸×
	𣘗	一二〇4	三六二1	三六四1	
トシ	負	二三5	二七七3	二七九3	トシ×
	肆	四一7	二九三3	二九五3	シ傍書
	肆	四二1	二九三4	二九五4	
	摵	五四5	三〇四4	三〇六4	
	擭	五六3	三〇五8	三〇七8	
	挍	六一6	三一〇6	三一二6	
	擅	七一2	三一八8	三二〇8	擅×
	捷	七一2	三一八8	三二〇8	
	哲	七六4	三二三5	三二五5	
	擱	九六2	三四〇6	三四二6	
	狷	一五六3	三九三4	三九五4	

トシキミ	槪	一三三3	三七三3	三七五3	
トソハソハニシテ					↓ソハソハニシテ
トタムナウテ					↓タムナウテ
トチ	椂	一一三7	三五六3	三五八3	
	橡	一一四2	三五六5	三五八5	
	杕	一二四4	三六五5	三六七5	ト×
	杼	一二五2	三六六2	三六八2	
	朽	一三〇2	三七〇5	三七二5	
	栩	一三八2	三七七5	三七九5	
	柠	一三八4	三七七7	三七九7	
トチカラオコシメ					↓チカラオコシメ
トツ	扗	九六2	三四〇6	三四二6	
	杜	一二九1	三六九5	三七一5	ツ×
トテレリ					↓テレリ
トトシ	僄狡	一五二2	三八九7	三九一7	「僄—」ト、シ
トトノフ	覿	二八1	二八一2	二八三2	ト、ノフ
	擿	七〇3	三一六2	三一八2	ト、ノフ
	挌	七八3	三一五2	三一七2	ト、ノフ
	捴	七八7	三一五6	三一七6	ト、ノフ
	拎揀	八〇3	三一六8	三一八8	ト、ノフ
	振	八一6	三一八2	三二〇2	ト、ノフ
	搖	九〇1	三三五4	三三七4	ト、ノフ
	提	九二2	三三七3	三三九3	ト、ノフ

トトノホル	拔	六〇6	三〇九7	三一一7	ト、ノ小ル
トトノホレリ	擯	六六3	三一四6	三一六6	ト、ノ小レリ
トトマル	抍	七二4	三二〇1	三二二1	ト、マル
	枡	一一九6	三六一4	三六三4	ト、マル
	榎	一二三1	三六四3	三六六3	ト、マル
トトム	磬	五七5	三〇七1	三〇九1	ト、ム
	掬	五九4	三〇八6	三一〇6	ト、ム、ト×
	掩	六四7	三一三4	三一五4	ト、ム
	挌	七八2	三一五1	三一七1	ト、ム
	捺	八三1	三一九3	三二一3	ト、ム
	折	八六5	三二二4	三二四4	ト、ム
	掇	八七1	三二二7	三二四7	ト、ム
	擁	八七3	三二三1	三二五1	ト、ム
	按	八九1	三二四5	三二六5	ト、ム
	挭	九一7	三二七1	三二九1	ト、ム
	括	九二5	三二七5	三二九5	ト、ム
	抑	九三3	三三八2	三四〇2	ト、ム
トネリコ	榛	一〇〇3	三四四4	三四六4	ト子リコ
トネリノコノキ	石檀	九九2	三四三4	三四五4	字形小異、ト子リノコノキ
トハオトトキス					↓ハオトトキス
トヒクタル	頌	三一5	二八五2	二八七2	
トヒノホル	頡	三一5	二八四2	二八六2	トヒノ小ル
	頡	三一5	二八五2	二八七2	重出、トヒノ小ル

和訓	漢字	宝本所在	観本所在	天本所在	注記
トフ	黙	四〇7	二九二4	二九四4	
	撣	五五6	三〇五4	三〇七4	
	揚	六七1	三一五3	三一七3	揚×
	扵	七九7	三二六5	三二八5	
	推	八四1	三三〇2	三三二2	
	提	九三7	三三八6	三四〇6	
トフカウソ					↓フカウソ
トフラフ	貞	二八4	二八一5	二八三5	
	採	九一5	三三六7	三三八7	
	相	一三三3	三七三3	三七五3	ラ×
トホク	摳	五四3	三〇四2	三〇六2	ト小ク
トホシ	賖	二二2	二七六1	二七八1	ト小シ、ト×
	拒	七九3	三二六1	三二八1	ト小シ
トホス	撤	七七4	三二四4	三二六4	字形小異、ト小ス
トホソ	揵	七〇7	三一八6	三二〇6	ト小ソ、ソ×
	椳	一一一3	三五四1	三五六1	ト小ソ
	樞	一一一3	三五四1	三五六1	ト小ソ
	楗	一二〇4	三六二1	三六四1	ト小ソ
トホル	貫	二八1	二八一2	二八三2	ト小ル
トマラ	椳	一一一3	三五四1	三五六1	
	樞	一一一3	三五四1	三五六1	

和訓	漢字	宝本所在	観本所在	天本所在	注記
トミ	賑	二三4	二七二2	二七九2	ミ傍書
トム	賑	二三4	二七二2	二七九2	
トモ	舫	六4	二六二3	二六四3	
	舳	六7	二六二6	二六四6	
	艫	六7	二六二6	二六四6	
	順	三三3	二八五7	二八七7	順×
	决拾	六四2	三一二7	三一四7	
	擐	六六2	三一四5	三一六5	
	持	八五4	三三一4	三三三4	
トモカラ	類	三九2	二九〇8	二九二8	類×
	接	九三7	三三八6	三四〇6	
トモシ	貧	二七6	二八〇8	二八二8	
トラフ	搜	五七3	三〇六7	三〇八7	
	掫	五八1	三〇七4	三〇九4	
	扶	六二2	三一一1	三一三1	
	挐	六三6	三一二4	三一四2	
	擓	六四7	三一三4	三一五4	
	撏	六五2	三一三6	三一五6	撏×
	摛	六五2	三一三6	三一五6	字形小異
	擛	六七3	三一五5	三一七5	
	攄	七三4	三二〇8	三二二8	

トリ	排	八三7	三三〇1	三三二1	
	搏	八五5	三三一5	三三三5	
	投	九二1	三三七2	三三九2	
	捉	九二2	三三七3	三三九3	
	捕	九二7	三三七7	三三九7	
	搦	九四1	三三八7	三四〇7	
	擒	六五2	三二三6	三二五6	擒×
トリエラフ	採擇	八九2	三三四6	三三六6	ト×
トリクヒ	榬	一二一4	三六二8	三六四8	[観] トリノクヒ
トリコ	擒	六五2	三二三6	三二五6	擒×
	猶子	一五〇3	三八八2	三九〇2	「—子」
トリコス	擒	六五2	三二三6	三二五6	擒×
トリシハル	拉	六四3	三二二8	三二四8	
トリノス	巣	一四二1	三八〇8	三八二8	
トリヒサク	拉	六四3	三二二8	三二四8	サ傍書
トリヒシク	扼	五〇4	三〇〇7	三〇二7	ヒシ×
	掄摺	六四3	三二二8	三二四8	
	拉	六四3	三二二8	三二四8	
	攜	六六7	三二五2	三二七2	
	揖	七三5	三三一1	三三三1	
	挫	七六6	三三三7	三三五7	
	撚	八九7	三三五3	三三七3	
トリミタル	捉搦	九四2	三三八8	三四〇8	

トル	資	二〇1	二七四2	二七六2	
	賣	二〇3	二七四4	二七六4	トル×
	頼	三四3	二八六6	二八八6	
	把	四九7	三〇〇3	三〇二3	
	拖	五〇1	三〇〇4	三〇二4	
	抱	五〇2	三〇〇5	三〇二5	ル×
	扼	五〇3	三〇〇6	三〇二6	
	撻	五〇4	三〇〇7	三〇二7	
	挽	五〇7	三〇一2	三〇四2	[観] 訓なし
	扢	五一4	三〇一6	三〇三6	
	摯	五二2	三〇二3	三〇四3	
	擥	五二7	三〇三8	三〇五8	ル×
	攬	五三2	三〇三2	三〇五2	
	攪	五三3	三〇三3	三〇五3	
	抾	五三4	三〇三4	三〇五4	
	擊	五三7	三〇三7	三〇五7	字形小異
	扫	五四1	三〇三8	三〇五8	
	揥	五六1	三〇五6	三〇七6	
	摕	五六2	三〇五7	三〇七7	
	搴	五六4	三〇六1	三〇八1	
	探	五七1	三〇六5	三〇八5	ト×
	搜	五七2	三〇六6	三〇八6	ル×
	撖	五七7	三〇七3	三〇九3	

和訓	漢字	宝本所在	観本所在	天本所在	注記
	撮	五七7	三〇七3	三〇九3	
	掐	五八6	三〇八1	三一〇1	
	掬	五九4	三〇八6	三一〇6	
	拑	五九6	三〇八8	三一〇8	
	拔	六〇6	三〇九7	三一一7	
	援	六一3	三一〇3	三一二3	
	抔	六二5	三一一4	三一三4	
	捍	六三3	三一二1	三一四1	
	擺	六三5	三一二3	三一四3	
	挐	六三6	三一二4	三一四4	
	拾	六四1	三一二6	三一四6	拾×、ル×
	擒	六四2	三一二7	三一四7	
	揄	六四4	三一三1	三一五1	
	掩	六四7	三一三4	三一五4	掩×
	摛	六五2	三一三6	三一五6	
	捃	六五5	三一四1	三一六1	
	搭	六五6	三一四2	三一六2	
	揭	六六7	三一五1	三一七1	
	摸	六七4	三一五6	三一七6	
	捲	六七7	三一六1	三一八1	
	操	六八2	三一六3	三一八3	ル×
	捺	六八2	三一六3	三一八3	トル×
	擇	六八7	三一六8	三一八8	
	拱	六九3	三一七3	三一九3	
	攀	六九4	三一七4	三一九4	
	抬	六九6	三一七6	三一九6	
	批	六九7	三一七7	三一九7	
	擿	七〇3	三一六2	三一八2	
	摘	七〇4	三一八3	三二〇3	
	拼	七二4	三二〇1	三二二1	ト×
	摖	七三3	三二〇7	三二二7	ト×
	攄	七三4	三二〇8	三二二8	ト×
	攢	七四3	三二一6	三二三6	
	抦	七四5	三二一8	三二三8	
	撲	七五2	三二二4	三二四4	撲×、ル×
	拓	七五2	三二二4	三二四4	
	捫	七五5	三二二7	三二四7	
	挃	七六5	三二三6	三二五6	
	摷	七六7	三二三8	三二五8	ル×
	撤	七七4	三二四4	三二六4	字形小異
	捽	七八1	三二四8	三二六8	
	掠	七八4	三二五3	三二七3	

字				備考
挦	七八5	三二五4	三二七4	
惚	七八6	三二五5	三二七5	
松	七九1	三二五7	三二七7	トル×
扵	七九7	三二六5	三二八5	
掘	八一1	三二七5	三二九5	
握	八一2	三二七6	三二九6	
揮	八一5	三二八1	三三〇1	
撩	八三2	三二九4	三三一4	
拋	八三6	三二九8	三三一8	
摧	八四2	三三〇3	三三二3	
抄	八四6	三三〇7	三三二7	ル×
持	八五4	三三一4	三三三4	
搏	八五6	三三一6	三三三6	
捂	八五7	三三一7	三三三7	
掇	八七1	三三二7	三三四7	ト×
擿	八七4	三三三2	三三五2	
按	八九1	三三四5	三三六5	ル×
挂	九〇7	三三六2	三三八2	
採	九一5	三三六7	三三八7	
梗	九一7	三三七1	三三九1	
投	九二1	三三七2	三三九2	
捉	九二2	三三七3	三三九3	
拈	九二4	三三七4	三三九4	

見出し	字				備考
	拈	九二4	三三七4	三三九4	
	捕	九二7	三三七7	三三九7	
	搆	九三1	三三七8	三三九8	トル×、字形小異
	撫	九三1	三三七7	三三九7	
	擬	九三5	三三八4	三四〇4	ル×
	搕	九三6	三三八5	三四〇5	字形小異
	接	九三6	三三八5	三四〇5	
	提	九三7	三三八6	三四〇6	
	搦	九四1	三三八7	三四〇7	
	搞	九四7	三三九5	三四一5	
	授	九五1	三三九6	三四一6	トル×
	摠	九五2	三三九7	三四一7	
	檥	一二四6	三六五7	三六七7	
	柄	一三〇3	三七〇6	三七二6	
	獲	一五三3	三九〇7	三九二7	
トルカ	擧	七二1	三一九6	三二一6	
トヲシ	長	四一5	二九三1	二九五1	
	相	一三三2	三七三2	三七五2	シ×

ナ

ナイ	桛	一三一3	三七一5	三七三5
ナカサ	長	四一5	二九三1	二九五1

和訓	漢字	宝本所在	観本所在	天本所在	注記
ナカシ	長	四一5	二九三1	二九五1	
	猗	一五一4	三八九2	三九一2	
ナカスホナリ	怍	一三二2	三七二3	三七四3	ナカス小ナリ
ナカノヲヨヒ	中指	四八7	二九九4	三〇一4	
ナク	抛	五一1	三〇一3	三一三3	
	撕	六四1	三一二6	三一四6	撕×
	擲	七〇2	三一八1	三二〇1	擲×
	擿	七〇3	三一八2	三二〇2	
	揖	七三6	三二一2	三二三2	揖×
	抵	七五7	三二三1	三二五1	抵×
	挑	八三5	三二九7	三三一7	
	投	九二1	三三七2	三三九2	
ナクタクム	捺	六五1	三一三5	三一五5	[観]ナムタクム
ナクル	捭	六〇2	三〇九3	三一〇3	
ナケウツ	椃	一一八5	三六〇4	三六二4	
ナケク	鬐	四五2	二九三8	二九五8	
ナケシ	長押	八八5	三三四2	三三六2	「長—」
	桁	一〇五2	三四八6	三五〇6	
ナケスツ	擲	七〇2	三一八1	三二〇1	擲×
	抵	七五7	三二三1	三二五1	抵×
	投	九二1	三三七2	三三九2	

和訓	漢字	宝本所在	観本所在	天本所在	注記
ナケフス	抛	五一1	三〇一3	三〇三3	ス傍書
ナケフツ	抛	五一1	三〇一3	三〇三3	
ナシ	棠	一〇四2	三四七7	三四九7	
	檎	一〇八4	三五一5	三五三5	
	末	一三三6	三七三6	三七五6	
	未	一三三7	三七三7	三七五7	
	梨	一四六1	三八四4	四八六4	
ナス	質	二六1	二七九4	二八一4	ナ爪
	捧	六三2	三一一8	三一三8	
ナスラフ	則	二七4	二八〇6	二八二6	ラフ×
	擬	九三5	三三八4	三四〇4	
ナタム	挺	七一5	三一九3	三二一3	タ×
ナチ	朽	一三〇2	三七〇5	三七二5	
ナツ	摸	六七4	三一五6	三一七6	
	捲	六七7	三一六1	三一八1	
	捼	六八5	三一六6	三一八6	
	捫	七五5	三二二7	三二四7	
	拊	八一4	三二七8	三二九8	
	撫	九三1	三三七7	三三九7	
	抗	九四1	三三八7	三四〇7	
	搢	九四6	三三九4	三四一4	

	柏	一三二5	三七二6	三七四6	
ナツク	擾	七四7	三二二2	三二四2	ツ×
	櫌	一〇一2	三四五2	三四七2	
	狎	一五二6	三九〇3	三九二3	
ナツス	揩	七四1	三二一4	三二三4	
ナツメ	櫜	一〇三6	三四七4	四七九4	
ナナシノヲヨヒ	無名指	四八7	二九九4	三〇一4	ナ、シノヲヨヒ
ナナメナリ	角	一四4	二六九3	二七一3	ナ、メナリ
	影	四〇5	二九二2	二九四2	ナ、メナリ、ナ、×
ナヒク	釁	二八5	二八一6	二八三6	ヒ×
	狔	一五四5	三九一8	三九三8	
	猗	一五五1	三九二3	三九四3	ナ×
ナフ	捲	六七7	三一六1	三一八1	
ナフル	控	五七5	三〇七1	三〇九1	
	擿	七〇3	三一六2	三一八2	
	擾	七五1	三二二3	三二四3	ナフ×
	抄	八四6	三三〇7	三三二7	
ナホシ	質	二五7	二七九3	二八一3	ナ小シ
	抗	五一3	三〇一5	三〇三5	ナ小シ
	槁	一二三3	三六三6	三六五6	ナ小シ
	梏	一二二7	三六四2	三六六2	ナ小シ
ナマエ	抲	九四2	三三八8	三四〇8	
ナムチ	渠	一四五7	三八四3	三八六3	

ナヤマス	攪	五三4	三〇三4	三〇五4	
	擾	七四7	三二二2	三二四2	マ×
	櫌	一〇一2	三四五2	三四七2	
ナヤム	賦	二六3	二七九6	二八一6	
ナラ	楢	一〇四4	三四八1	三五〇1	
ナラス	肆	四一7	二九三3	二九五3	ナラス×
	接	九三6	三三八5	三四〇5	
	掾	九四5	三三九3	三四一3	
	揖	九六5	三四一1	三四三1	
ナラノキ	楢	一〇四5	三四八2	三五〇2	
ナラハス	肆	四一7	二九三3	二九五3	
ナラハフ	肆	四一7	二九三3	二九五3	フ傍書
ナラフ	舫	六4	二六二3	二六四3	
	肆	四二1	二九三4	二九五4	
	挍	六一6	三一〇6	三一二6	
	擬	九三5	三三八4	三四〇4	
	搵	九三6	三三八5	三四〇5	字形小異
	枇	一一八6	三六〇5	三六二5	
	狃	一五二2	三八九7	三九一7	
ナラヘル	札	一一六7	三五八8	三六〇8	
ナラム	椓	七二6	三二〇3	三二二3	ラ×
ナル	質	二六1	二七九4	二八一4	ル傍書
	擾	七四7	三二二2	三二四2	

和訓	漢字	宝本所在	観本所在	天本所在	注記
	采	一〇六4	三四九7	三五一7	
	朳	一〇九1	三五一8	三五三8	
	狎	一五二6	三九〇3	三九二3	ル傍書
ナルハシカミ	蜀枡	一一九6	三六一4	三六三4	
ナレタリ	擐	七四7	三二二2	三二四2	レタリ傍書
	檴	一〇一2	三四五2	三四七2	
	狎	一五二6	三九〇3	三九二3	
ナヲ	猶	一五〇2	三八八1	三九〇1	
ナヲシ	樸	九五6	三四〇3	三四二3	
	撟	九五7	三四〇4	三四二4	
ニ					
ニ	丹	九4	二六四8	二六六8	
	拎	七九7	三二六5	三二八5	
ニキハフ	賸	二〇7	二七四8	二七六8	
	賑	二三4	二七七2	二七九2	ハ×
	賙	二四4	二七八1	二八〇1	ハ×
	振	八一6	三一八2	三二〇2	
	攘	八二3	三一八6	三二〇6	
ニキル	奉	四九3	二九九7	三〇一7	

和訓	漢字	宝本所在	観本所在	天本所在	注記
	捲	四九3	二九九7	三〇一7	
	把	四九7	三〇〇3	三〇二3	ニキ×
	摯	五二2	三〇二3	三〇四4	ニ×
	攬	五三3	三〇三3	三〇五3	
	擯	五七4	三〇六8	三〇八8	
	掬	五九4	三〇八6	三一〇6	
	摹	六七5	三一五7	三一七7	
	揣	七〇1	三一七8	三一九8	キ×
	掘	八一1	三一七5	三一九5	
	握	八一2	三一七6	三一九6	キ×
	搦	九四1	三三八7	三四〇7	
ニシフ	頑	三二7	二八五4	二八七4	
ニタリ	類	三九2	二九〇8	二九二8	類×
ニナフ	攝	七八6	三一五6	三一七5	攝×
	搢	八四4	三三〇5	三三二5	
ニヌリ	丹臒	九4	二六四8	二六六8	「丨臒」
ニハカ	觧	八5	二六四2	二六六2	ハカ×
	項	三一7	二八四5	二八六5	
ニハカニ	頓	三一1	二八三7	二八五7	
	猥	一五一3	三八九3	三九一3	
	猝	一五二4	三九〇1	三九二1	

ニハクサ	楔	一三一1	三六三4	三六五4	字形小異
ニハサクラ	朱櫻	一〇〇2	三四四3	三四六3	「朱—」
	楔	一三一1	三六三4	三六五4	字形小異
ニフシ	頓	三一2	二八三8	二八五8	
	拙	九四4	三三九2	三四一2	
ニヘ	責	二四4	二七八1	二八〇1	
	贄	二六6	二八〇1	二八二1	
ニホフ	馞	一四九3	三八七3	三八九3	字形小異
ニル	相	一三三2	三七三2	三七五2	ニ×

ヌ

ヌエハス	柏	一三三2	三七三2	三七五2	↓エハス
ヌカ	額	二九3	二八二3	二八四3	
	題	三九5	二九一3	二九三3	
ヌカカキ	樓額	二九4	二八二4	二八四4	「樓—」ヌカ、キ
ヌカカミ	髻	四六7	二九五4	二九七4	字形小異
ヌキイツ	擢	六五7	三一四3	三一六3	
	抽	九〇5	三三五8	三三七8	
ヌキイテタリ	擢	六五7	三一四3	三一六3	テタリ傍書
ヌキツ	技	六一7	三一〇7	三一二7	
	掓	六二4	三一一3	三一三3	ツ×
	挺	七一4	三一九2	三二一2	キ×
ヌキル	捽	七九5	三一六3	三一八3	キ×
	抄	八四6	三三〇7	三三二7	
	摶	八五6	三三一6	三三三6	
	撛	九四7	三三九5	三四一5	
	擬	九三5	三三八4	三四〇4	
ヌク	解	一四7	二六九6	二七一6	
	挽	五〇7	三〇一2	三〇三2	[観] 訓ナシ
	拜	五三7	三〇三7	三〇五7	
	搴	五六4	三〇六1	三〇八1	
	扷	六一7	三一〇7	三一二7	
	掄	六四4	三一三1	三一五1	
	擢	六五7	三一四3	三一六3	
	擢	六六1	三一四4	三一六4	
	拱	六九4	三一七4	三一九4	
	挺	七一4	三一九2	三二一2	
	撻	七一5	三一九3	三二一3	
	振	八一4	三二七8	三二九8	
	揘	八二4	三二八7	三三〇7	
	抄	八四6	三三〇7	三三二7	ヌ×
	攙	八六2	三三二1	三三四1	
	擯	八六3	三三二2	三三四2	
	抽	九〇5	三三五8	三三七8	
ヌケイツ	擢	六五7	三一四3	三一六3	ケ傍書

和訓	漢字	宝本所在	観本所在	天本所在	注記
ヌスミ	賊	二六7	二八〇2	二八二2	ヌ爪ミ、ミ傍書
ヌスム	賊	二六7	二八〇2	二八二2	ヌ爪ム
	攘	八二3	三二八6	三三〇6	
ヌタハタ	觘	一八6	二八三1	二八五1	
ヌテ	白膠木	九八1	三四二4	三四四2	
	樗	一一九3	三六一1	三六三1	
	橒	一一九4	三六一2	三六三2	
ヌノママ	經拖	五〇2	三〇〇5	三〇二5	ヌノマ、
ヌミクスリ	椅杞	一一七5	三五九5	三六一5	
ヌル	撑	九一5	三三六7	三三八7	
ヌルテノキ	椁	一一九4	三六一2	三六三2	
ネ					
ネ	根	一一〇4	三五三3	三五五3	子
	杇	一三六6	三七六3	三七八3	
ネカフ	貪	二七1	二八〇3	二八二3	子カフ
	願	三四7	二八七2	二八九2	
	摂	九一4	三三六6	三三八6	子カフ
	樂	一二三7	三六五1	三六七1	子カフ
ネカホス	樂	一二三7	三六五1	三六七1	子カ小ス、小ス傍書
ネコ	猫	一五六3	三九三4	三九五4	子コ
ネフリキ	合歡木	九八1	三四二4	三四四4	子フリキ
ネフリノキ	夜合木	九八7	三四二2	二四四2	「夜合―」子フリノキ、フ×
	晝夜木	九八7	三四三2	三四五2	「晝夜―」子フリノキ
	合昬木	九八7	三四三2	三四五2	「合昬―」
	械	一一二2	三五四7	三五六7	子フリノキ
	橬	一四六1	三八四4	三八六4	子フリノキ
ネムコロナリ	投	九二1	三三七2	三三九2	子ムコロナリ、コ×
ネヤス	挻	七一6	三二九4	三三一4	子ヤス
	搏	八五5	三三一5	三三三5	子ヤス
	挠	八九4	三三四8	三三六8	子ヤス
ネラフ	採	九一5	三三六7	三三八7	子ラフ
ネリ	枷	一二一6	三六三2	三六五2	子リ
ノ					
ノオホカミ	豺狼	一五〇4	三八八3	三九〇3	ノオ小カミ、↓オホカミ
ノカイシキ	橇	一四四7	三八三4	三八五4	キ×、↓カイシキ
ノカル	挽	五〇7	三〇一2	三〇三2	
ノキ	擒	六五2	三一三6	三一五6	
ノキアケ	梠	一一〇1	三五二8	三五四8	

ノキスケ	槐	一〇九6	三五二6	三五四6	
	棉	一一〇1	三五二8	三五四8	
	梠	一一〇1	三五二8	三五四8	
ノコス	貽	二三4	二七七1	二七九1	ノコ爪
ノコフ	奉	四九3	二九九7	三〇一7	
	攬	五三2	三〇三2	三〇五2	
	扠	五三5	三〇三5	三〇五5	
	擘	五四1	三〇三8	三〇五8	[観]擘、訓なし
	拭	五四7	三〇四6	三〇六6	
	控	五七5	三〇七1	三〇九1	
	掩	六四7	三一三4	三一五4	掩×
	揩	七四1	三二一4	三二三4	
	捫	七五5	三二二7	三二四7	
	挃	七六5	三二三6	三二五6	ノ×
	揮	八一5	三二八1	三三〇1	
	擁	八七3	三三三1	三三五1	
	揃	八九5	三三五1	三三七1	
	捏	九二2	三三七3	三三九3	ノ×
	拂	九四3	三三九1	三四一1	
ノコル	貽	二三4	二七七1	二七九1	ル傍書
	掩	六四7	三一三4	三一五4	掩×
	折	八六6	三三二5	三三四5	
ノサル	猿狖	一五二4	三九〇1	三九二1	↓サル
ノス	類	三九3	二九一1	二九三1	ノ爪、爪×、類×
ノソク	艦	一九2	二七三4	二七五4	
	掬	五九4	三〇八6	三一〇6	
	摒	六〇1	三〇九2	三一一2	
	擿	七〇3	三一六2	三一八2	
	抒	七四7	三二二2	三二四2	
	扲	七九7	三二六5	三二八5	ノ×
	攘	八二3	三二八6	三三〇6	
	撥	八六7	三三二6	三三四6	
	抽	九〇5	三三五8	三三七8	
ノソム	顒	三〇4	二八三3	二八五3	
	拱	六九3	三一七3	三一九3	
	扲	七九7	三二六5	三二八5	
ノチ	髦	四三5	二九七5	二九九5	
	末	一三三6	三七三6	三七五6	
ノトル	則	二七4	二八〇6	二八二6	
ノフ	緣	八5	二六四2	二六六2	
	艶	二七4	二八〇6	二八二6	
	順	三三3	二八五7	二八七7	順×
	肆	四一7	二九三3	二九五3	
	攎	五五7	三〇五5	三〇七5	
	擄	五五7	三〇五5	三〇七5	
	撮	五七7	三〇七3	三〇九3	

和訓	漢字	宝本所在	観本所在	天本所在	注記
	擿	六五2	三一三6	三一五6	
	擢	六五7	三一四3	三一六3	
	抒	七四6	三一二1	三一四2	
	[illegible]	八〇4	三一七1	三一九1	
	[illegible]	八六4	三三三3	三三四3	
	撰	九〇7	三三六2	三三八2	
	掞	九六4	三四〇8	三四二8	フ傍書
	槁	一二三3	三六三6	三六五6	
	杼	一二五3	三六六3	三六八3	
ノヘタリ	掞	九六4	三四〇8	三四二8	
ノホル	頡	三一5	二八五2	二八七2	ノ小ル
	頡	三一5	二八五2	二八七2	重出、ノ小ル
ノリ	則	二七4	二八〇6	二八二6	
	摸	六七4	三一五6	三一七6	
	揆	七三2	三二〇6	三二二6	
	揩	七四1	三二一4	三二三4	
	挌	七八2	三二五1	三二七1	
	捸	九四4	三三九2	三四一2	
	梟	一三三2	三七三2	三七五2	
	猷	一五〇3	三八八2	三九〇2	
ノリモノ	賭	二〇6	二七四7	二七六7	ノリ牛
ノル	乗	一四七3	三八五5	三八七5	ル×
ハ					
ハイテ	梨	一四六2	三八四5	三八六5	
ハイヒス	抱	五〇2	三〇〇5	三〇二5	
ハウ	捧	四九4	二九九8	三〇一8	字音
ハオトトキス	嗚鸖嗽獲	一五三3	三九〇7	三九二7	ハオトヽキス、オヽ×
ハカ	檝	一三四4	三七四3	三七六3	
	楑	一三五2	三七四8	三八六8	
ハカシム	舟	五3	二六一3	二六三3	
ハカセ	貫	二七7	二八一1	二八三1	
ハカツ	檻	一四七4	三八五6	三八七6	
ハカラフ	格	一〇一5	三四五5	三四七5	ラフ傍書
	案	一三一2	三七一4	三七三4	
ハカリ	貲	二一6	二七五6	二七七6	
	擢	四九5	三〇〇1	三〇二1	
	摵	五五4	三〇五2	三〇七2	ハカ×
	揣	七〇1	三一七8	三一九8	
	摡	七六1	三二三2	三二五2	
	格	一〇一5	三四五5	三四七5	

ハカリコト	搉	一一五6	三五七7	三五九7	
	檠	一一七1	三五九1	三六一1	
	擢	四九5	三〇〇1	三〇二1	
	揆	七三2	三二〇6	三二二6	
	猶	一五〇2	三八八1	三九〇1	ハカリ丁
	猷	一五〇3	三八八2	三九〇2	リ丁傍書
ハカリノオモシ	擢	四九5	三〇〇1	三〇二1	カ×
ハカル	賁	二七4	二八〇6	二八二6	
	彭	四〇7	二九二4	二九四2	カル×
	擢	四九5	三〇〇1	三〇二1	
	攪	五三2	三〇三2	三〇五2	
	掬	五九4	三〇八6	三一〇6	
	拼	五九7	三〇九1	三一一1	
	披	六一5	三一〇5	三一二5	
	揣	七〇1	三一七8	三一九8	ル傍書
	揆	七三2	三二〇6	三二二6	
	推	八四1	三三〇2	三三二2	
	捿	九二6	三三七6	三三九6	
	㨃	九六2	三四〇6	三四二6	
	相	一三三3	三七三3	三七五3	
	𣘻	一四六3	三八四6	三八六6	
	猶	一五〇2	三八八1	三九〇1	ル傍書
	猷	一五〇3	三八八2	三九〇2	
ハキ	骹	一一3	二六六5	二六八5	
	髎	一四2	二六九1	二七一1	
	髐	一四3	二六九2	二七一2	ハキ×
	楮	一三八4	三七七7	三七九7	
ハキクツ	掃	五六2	三〇五7	三〇七7	
ハク	抱	五〇2	三〇〇5	三〇二5	
	拭	五四7	三〇四6	三〇六6	ク×
	捻	六六4	三一四7	三一六7	
	摧	八五4	三三一4	三三三4	ク傍書
	檗	一三二4	三七二5	三七四5	[観]ハタ
ハケ	鬆筆	四七3	二九五7	二九七7	「一筆」
ハケム	相	一三三2	三七三2	三七五2	ム×
ハサマル	撵	五〇4	三〇〇7	三〇二7	
	捹	六三2	三一一8	三一三8	ル×
ハサム	拖	五〇1	三〇〇4	三〇二4	
	扼	五〇4	三〇〇7	三〇二7	
	拑	五九6	三〇八8	三一〇8	
	捻	六六4	三一四7	三一六7	
	擿	七〇3	三一八2	三二〇2	
	摝	七六6	三二三7	三二五7	
	把	八四4	三三〇5	三三二5	
	搩	八七2	三三二8	三三四8	傍訓
	押	八八5	三三四2	三三六2	

和訓	漢字	宝本所在	観本所在	天本所在	注記
ハシ	挟	九三2	三三八1	三四〇1	
	題	三九5	二九一3	二九三3	
	橙	一一二1	三五四6	三五六6	
	梁	一一三2	三五五6	三五七6	
	橋	一二二5	三六三8	三六五8	ハ×
	梯	一二五4	三六六4	三六八4	
	末	一三三6	三七三6	三七五6	
ハシカミ	榛	一〇〇3	三四四4	三四六4	
	椒	一一九5	三六一3	三六三3	
	樨	一四五6	三八四2	三八六2	
ハシク	搋	五一2	三〇一4	三〇三4	
	撥	八七1	三三二7	三三四7	シ×
ハシハミ	榛	一〇〇3	三四四4	三四六4	
	榛子	一〇〇3	三四四4	三四六4	「—子」ハミ×
ハシフネ	游艇	五7	二六一7	二六三7	「游—」ハシフ子、シフ子×
	舫	六4	二六二3	二六四3	ハシフ子
	艘	六6	二六二5	二六四5	ハシフ子
ハシム	摧	八四2	三三〇3	三三二3	
	楝	一一三1	三五五5	三五七5	
ハシメ	擢	四九5	三〇〇1	三〇二1	

和訓	漢字	宝本所在	観本所在	天本所在	注記
ハシラ	根	一一〇4	三五三3	三五五3	
	楹	一〇八7	三五一7	三五三7	字形小異
	標	一二二2	三六二6	三六四6	
	柱	一二八5	三六九2	三七一2	シ×
ハシラヌキ	欄	一二九7	三七〇3	三七二3	
	欄額	一二九7	三七〇3	三七二3	「—額」
ハシル	猭	一五〇7	三八八6	三九〇6	
	猭	一六〇2	三六九7	三七一7	
ハシワタス	橋	一二二5	三六三8	三六五8	ハシ禾タス
ハタ	鬣	四二7	二九六8	二九八8	字形小異
	機	一一三1	三五五5	三五七5	
ハタカル	扶	六一7	三一〇7	三一二7	カ×
ハタス	果	一二八1	三六八6	三七〇6	
ハタヒレ	鬐	四四3	二九八2	三〇〇2	鬐×
ハタホコ	橦	一一四4	三五六7	三五八7	ハタ小コ
ハタモノ	機	九二6	三三七6	三三九6	
	機	一一三1	三五五5	三五七5	
ハタラカス	擺	六三5	三一二3	三一四3	字形小異
	擺	八八1	三三三6	三三五6	字形小異
	搦	九四1	三三八7	三四〇7	
ハチ	負	二三6	二七七4	二七九4	

訓	字				備考
	頳	三三2	二八五6	二八七6	チ×
	抱	五〇3	三〇〇6	三〇二6	
	抔	六二5	三一一4	三一三4	ハ×
	桴	一〇五6	三四九2	三五一2	
	橃	一一一7	三五四5	三五六5	
ハツ	負	二三6	二七七4	二七九4	ツ傍書
ハツル	抃	八九7	三三五3	三三七3	
ハトムネ	骨前	一〇1	二六五4	二六七4	「—前」
ハナカム	挮	八〇7	三二七4	三二九4	挮×
ハナキ	秦	一〇〇6	三四四7	三四六7	牛ノハナキ
ハナサカユ	榮	二二六7	三六七6	三六九6	
ハナサク	榮	二二六7	三六七6	三六九6	
ハナタチハナ	橙	一一二1	三五四6	三五六6	
	盧橘	二二五5	三六六5	三六八5	
ハナツ	捨	六五3	三一三7	三一五7	
	擇	八九2	三三四6	三三六6	字形小異
ハナハシラ	鼻梁	一一三2	三五五6	三五七6	「鼻—」
	鼻柱	二二八6	三六九3	三七一3	「鼻—」
ハナフサ	柎	一一〇7	三五三6	三五五6	
ハナル	攜	八四3	三三〇4	三三二4	
	携	八四3	三三〇4	三三二4	ル×
	播	八八7	三三四4	三三六4	ハ×
ハニシ	櫨	一一一3	三五四1	三五六1	字形小異

訓	字				備考
ハハカ	朱櫻	一〇〇2	三四四3	三四六3	「朱—」ハ、カ
ハハクリ	貝母	一九5	二七三7	二七五7	「—母」
ハハソ	柞	一三三1	三七二2	三七四2	ハ、ソ
ハハソノキ	檽	一〇二4	三四六3	三四八3	ハ、ソノキ
ハハチサノキ	寶子木	九八2	三四二5	三四四5	「寶子—」ハ、傍書
ハヒコル	艶	二七4	二八〇6	二八二6	ハ傍書、ヒ×
ハヒノキ	橝	一三六3	三七五8	三七七8	
ハヒマユミ	木綿	九八4	三四二7	三四四7	ミ×
	杜中	一二九2	三六九6	三七一6	マユ×
ハフ	賦	二六3	二七九6	二八一6	
	扶	六二3	三一二2	三一三2	
	摧	八五4	三三一4	三三三4	
ハフク	搋	七六1	三三二2	三三五2	搋×
ハフヤ	拒	六三2	三一一8	三一三8	↓スマビコハフヤ
ハヘキ	榱	一〇九5	三五二5	三五四5	
ハヘハラヘ	白拂	九四3	三三九1	三四一1	「白—」
ハヘリ	顙	三四1	二八六4	二八八4	
ハマル	捶	七〇5	三一八4	三二〇4	
ハヤシ	林	一四八1	三八六2	三八八2	ヤ×
ハヤス	括	九二5	三三七5	三三九5	
ハヤフネ	舸	六4	二六二3	二六四3	ハヤフ子
ハラ	角	一四4	二六九3	二七一3	
ハラアシ	狼杭	一五〇5	三八八4	三九〇4	

和訓	漢字	宝本所在	観本所在	天本所在	注記
ハラクタ	角	一四4	二六九3	二七一3	
ハラノフエ	大角	一四6	三六九5	三七一5	「大―」
ハラフ	掃	五六2	三〇五7	三〇七7	
	擁	五六3	二〇五8	三〇七8	
	擯	五七4	三〇六8	三〇八8	
	捎	五九3	三〇八5	三一〇5	
	扞	六三2	三一一8	三一三8	
	擺	六三5	三一二3	三一四3	字形小異
	擛	六七3	三一五5	三一七5	
	摸	六七4	三一五6	三一七6	
	擿	七〇3	三一八2	三二〇2	フ×
	撃	七三1	三二〇5	三二二5	字形小異、ラ×
	撤	七七5	三二四5	三二六5	ラ×
	拒	七九3	三二六1	三二八1	
	攤	七九4	三二六2	三二八2	
	揮	八一5	三二八1	三三〇1	
	擠	八二1	三二八4	三三〇4	
	攘	八二2	三二八5	三三〇5	
	批	八三6	三二九8	三三一8	
	排	八三7	三三〇1	三三二1	
	撥	八六7	三三二6	三三四6	ラフ×
	掇	八七1	三三二7	三三四7	
	擺	八七7	三三三5	三三五5	字形小異
	抽	九〇5	三三五8	三三七8	
	拂	九四3	三三九1	三四一1	
	槩	一一七1	三五九1	三六一1	ラ×
ハラヘ	解除	一五1	二六九7	二七一7	字形小異
ハリ	桿	六三4	三一二2	三一四2	
	捺	八三1	三二九3	三三一3	
ハリカタ	損	八五1	三三一1	三三三1	
	槇	一二五6	三六六6	三六八6	リカ×
ハル	揵	五八3	三〇七6	三〇九6	
	披	六一5	三一〇5	三一二5	
	扞	六三2	三一一8	三一三8	
	換	八八6	三三四3	三三六3	
	樑	一三九1	三七八3	三八〇3	
ハルカナリ	賒	二二2	二七六1	二七八1	
	賘	二八5	二八一6	二八三6	
	杳	一二八3	三六八8	三七〇8	
ハンサフ	楾	一四六7	三八五2	三八七2	ンサ×

ヒ

ヒ	髀	一〇6	二六六1	二六八1	
	檜	一〇八2	三五一3	三五三3	字形小異
	槭	一一二5	三五五2	三五七2	
	樋	一二〇5	三六二2	三六四2	
ヒカケカツラ	蘿	四三3	二九七3	二九九3	蘿×、ヒ×、ラ×
ヒカフ	掣	五二1	三〇二2	三〇四2	
	攣	六九5	三一七5	三一九5	フ×
	抧	六九6	三一七6	三一九6	ヒ×
ヒカリ	熲	三〇7	二八三6	二八五6	
	彩	四一1	二九二5	二九四5	
ヒキク	掣	五二1	三〇二2	三〇四2	キ傍書、ヒ×
ヒキサク	抷	七六3	三三三4	三三五4	
	擘	八二6	三三九1	三三一1	字形小異
ヒキヒラク	批	六九7	三一七7	三一九7	
ヒキリ	櫕	一三五7	三七五5	三七七5	
ヒク	賦	二六3	二七九6	二八一6	
	頓	三一2	二八三8	二八五8	
	拖	五〇1	三〇〇4	三〇二4	ヒ×
	扼	五〇4	三〇〇7	三〇二7	
	挽	五〇7	三〇一2	三〇三2	ヒク牛、ヒク弓

	抗	五一2	三〇一4	三〇三4	
	扡	五一5	三〇一7	三〇三7	
	掣	五二1	三〇一2	三〇三2	
	擒	五二2	三〇二3	三〇四3	
	拮	五二6	三〇二7	三〇四7	
	堅	五三1	三〇三1	三〇五1	
	抾	五三4	三〇三4	三〇五4	
	擄	五六3	三〇五8	三〇七8	ヒク馬
	控	五七5	三〇七1	三〇九1	
	掎	五七6	三〇七2	三〇九2	
	掐	五八6	三〇八1	三一〇1	
	拼	五九7	三〇九1	三一一1	
	挨	六〇6	三〇九7	三一一7	
	援	六一3	三一〇3	三一二3	
	拽	六二6	三一一5	三一三5	
	挈	六三6	三一二4	三一四4	
	揄	六四4	三一三1	三一五1	
	掩	六四7	三一三4	三一五4	掩×、ヒ×
	挻	七一4	三一九2	三二一2	
	攀	七二2	三一九7	三二一7	ヒ×
	扳	七二2	三一九7	三二一7	
	掾	七二6	三二〇3	三二二3	
	攄	七三4	三二〇8	三二二8	

和訓	漢字	宝本所在	観本所在	天本所在	注記
	撣	七五4	三二二6	三二四6	ヒ×
	抵	七五7	三二三1	三二五1	抵×、ヒ×
	扵	七九7	三一六5	三一八5	ヒ×
	擗	八二6	三一九1	三二一1	字形小異
	携	八四3	三三〇4	三三二4	
	攙	八六2	三三二1	三三四1	
	掇	八七1	三三二7	三三四7	
	擡	八八2	三三三7	三三五7	ク×
	撝	八八4	三三四1	三三六1	
	捏	九二2	三三七3	三三九3	
	撫	九三1	三三七7	三三九7	
	揎	九五2	三三九7	三四一7	
	摟	九六4	三四〇8	三四二8	
	朷	一〇九1	三五一8	三五三8	
	栬	一一八2	三六〇1	三六二1	
ヒクハシ	枤	一一一7	三五四5	三五六5	
ヒクレ	檜榑	一三四1	三七三8	三七五8	「檜—」ヒ×
ヒケ	髭	四二6	二九六7	二九八7	
	鬢	四二6	二九六7	二九八7	
	髯	四二7	二九六8	二九八8	
ヒコシロフ	挐	六三6	三一二4	三一四4	
ヒコツラフ	挐	六三6	三一二4	三一四4	
	紛挐	六三7	三一二5	三一四5	ヒ×
	攫	六六1	三一四4	三一六4	ラフ×
ヒコハエ	蘗	一〇八3	三五一4	三五三4	エ傍書
ヒコハユ	肆	四二1	二九三4	二九五4	
	蘗	一〇八3	三五一4	三五三4	
	梓櫱	一〇八3	三五一4	三五三4	字形小異
	栫	一〇八4	三五一5	三五三5	
	柯	一四〇6	三七九7	三八一7	
ヒサイメ	裨販	二七2	二八〇4	二八二4	「裨—」
ヒサウヘノアハタ	骴	一四3	二六九2	二七一2	膝上ノアハタ
ヒサカキ	柃	一〇八1	三五一2	三五三2	サカ×
	樀	一四六2	三八四5	三八六5	
ヒサキ	楸	一〇一4	三四五4	三四七4	
ヒサキメ	販婦	二七3	二八〇5	二八二5	「—婦」
ヒサク	䒀	一五3	二七〇1	二七二1	
	貨	二〇2	二七四3	二七六3	
	販	二七2	二八〇4	二八二4	
	敗	二七5	二八〇7	二八二7	
	才	四八1	二九八6	三〇〇6	
	掣	五二1	三〇二2	三〇四2	ヒ×［観］訓なし

ヒサケ	掣	五二4	三〇二5	三〇四5	訓重出
	撲	六七2	三一五4	三一七4	
	携	八四3	三三〇4	三三二4	
	摧	八五4	三三一4	三三三4	ク×
	提	九三7	三三八6	三四〇6	訓重出
	挈	九五3	三三九8	三四一8	
	提	九三7	三三八6	三四〇6	
ヒサコ	杓	一二六1	三六六8	三六八8	
ヒサシ	久	四一2	二九三6	二九五6	
	撕	六四1	三一二6	三一四6	撕×
	桂	一一三4	三五五8	三五七8	
	析	一三四4	三七四3	三七六3	
ヒサラ	舸	一〇6	二六六1	二六八1	
ヒシ	扠	八二1	三二八4	三三〇4	
ヒシク	拉	六四3	三一二8	三一四8	
	挫	七六6	三二三7	三二五7	
ヒシリ	賢	一九7	二七四1	二七六1	シ×
	貞	二八4	二八一5	二八三5	
ヒソ	檜楚	一〇八2	三五一3	三五三3	字形小異
	檜曽	一〇八2	三五一3	三五三3	「—曽」
ヒソム	頻	三〇4	二八三3	二八五3	
ヒタス	搵	七三6	三二一2	三二三2	
ヒタヒ	顱	二九3	二八二3	二八四3	
	額	二九3	二八二3	二八四3	
	頟	二九3	二八二3	二八四3	
	顊	二九5	二八二5	二八四5	
	題	三九5	二九一3	二九三3	
	蔽髪	四七4	二九五8	二九七8	「蔽—」
ヒタヒヒロシ	顙	二九5	二八二5	二八四5	
ヒタヒヒロニシ	揚	六七1	三一五3	三一七3	揚×、シ傍書
ヒタヒヒロニソ	揚	六七1	三一五3	三一七3	揚×、ソ×
ヒタフル	頓	三一2	二八三8	二八五8	
	獫狁	一五七1	三九四1	三九六1	ヒタ×
ヒチキ	栟	一〇四5	三四八2	三五〇2	
	枅	一〇四7	三四八4	三五〇4	ヒ×
ヒツ	睬	二三3	二七六2	二七八2	
	氷頭	二九1	二八二1	二八四1	「氷—」
	櫃	一二〇5	三六二2	三六四2	
ヒツキ	棺	一一九5	三六一3	三六三3	ツ傍書
	櫬	一三一4	三七一6	三七三6	
ヒツチ	橾梠	一一〇1	三五二8	三五四8	「橾—」
ヒツメ	護杆	一二七5	三六八3	三七〇3	「護—」
ヒツラユフ	山頭	二九1	二八二1	二八四1	「山—」ツ×
ヒトカシラ	髑髏	一〇1	二六五4	二六七4	ヒトカ×
ヒトカタチ	人形	四〇4	二九二1	二九四1	「人—」ヒトカ×
ヒトカヘリ	頡傾	三二5	二八五2	二八七2	「—傾」ヘリ×

和訓	漢字	宝本所在	観本所在	天本所在	注記
ヒトキ	棺	一一九5	三六一3	三六三3	
ヒトクタリ	頡傾	三二5	二八五2	二八七2	「—傾」タ×
ヒトサシ	食指	四九1	二九九5	三〇一5	「食—」
ヒトサシノオヨヒ	頭指	四八7	二九九4	三〇一4	「頭—」ヨヒ×
ヒトサシノユヒ	食指	四九1	二九九5	三〇一5	「食—」
ヒトシ	搣	五五4	三〇五2	三〇七2	
	擠	八一7	三二八3	三三〇8	字形小異
	擬	九三5	三三八4	三四一4	ヒト×
ヒトツハシ	獨梁	一一三2	三五五6	三三七6	「獨—」
ヒトトナリ	長	四一5	二九三1	二九五1	ヒト、ナリ、リ傍書
	長生	四一6	二九三2	二九五2	ヒト、ナリ
ヒトトナル	長	四一5	二九三1	二九五1	ヒト、ナル
ヒトニキリ	一抄	八四6	三三〇7	三三二7	「——」
ヒトヒトシ	頄	三五4	二八六6	二八八6	ヒトくシ、ヒト×
ヒトヤ	獄	一五三6	三九一2	三九三2	
ヒトリ	體	一三7	二六八7	二七〇7	
	顝	一三7	二六八7	二七〇7	
	顝	四〇1	二九一6	二九三6	
	狐	一五〇5	三八八4	三九〇4	ヒ×
	獨	一五二7	三九〇4	三九二4	ト×
ヒネル	掐	五八6	三〇八1	三一〇1	ヒ子ル、ヒ×
	捻	六六4	三一四7	三一六7	ヒ子ル
	撚	八九7	三三五3	三三七3	ヒ子ル
ヒノキ	檜	一〇八2	三五一3	三五三3	
ヒノヒカリ	穎	三八2	二九〇1	二九二1	ノ×、カ×
ヒハ	枇杷	一一八6	三六〇5	三六二5	字音
ヒヒ	⿰舟少	一八6	二七三1	二七五1	ヒ、
ヒヒラキ	格	一〇一6	三四五6	三四七6	ヒ、ラキ
ヒムカシ	東	一〇一6	三四五6	三四七6	
ヒモム	攢	七四3	三二一6	三二三6	
ヒラ	⿰扌攴	五三6	三〇三6	三〇五6	
ヒラキ	杠	一二四6	三六五7	三六七7	ラキ×
ヒラク	攋	五三5	三〇三5	三〇五5	
	披	六一5	三一〇5	三一二5	
	擺	六三5	三一二3	三一四3	
	揚	六七1	三一五3	三一七3	ヒラ×、揚×
	拓	七五2	三二二4	三二四4	
	撤	七七4	三二四4	三二六4	字形小異
	振	八一6	三二八2	三三〇2	ヒ×、ク×
	擘	八二5	三二八8	三三〇8	
	擗	八二6	三二九1	三三一1	
	排	八三7	三三〇1	三三二1	

	推	八四1	三三〇2	三三二2	
	撥	八七1	三三二7	三三四7	
	擺	八七7	三三三5	三三五5	
	拂	九四3	三三九1	三四一1	
	柘	一二三4	三六四6	三六六6	
ヒラタ	韛	七1	二六二7	二六四7	ヒ×、タ×
ヒラテ	開手	四八2	二九八7	三〇〇7	「開―」
ヒラナリ	擢	四九5	三〇〇1	三〇二1	
ヒレ	鬣	四二7	二九六8	二九八8	
	鬚	四七6	二九六2	二九八2	レ×
ヒロコル	扶	六二2	三一一1	三一三1	
ヒロシ	賢	一九7	二七四1	二七六1	
	賒	二二2	二七六1	二七八1	
	控	五七5	三〇七1	三〇九1	
	播	八八7	三三四4	三三六4	
	沓	一二八3	三六八8	三七〇8	
	梱	一四一3	三八〇3	三八二3	シ×
ヒロフ	攄	五五7	三〇五5	三〇七5	
	拾	六四1	三二二6	三二四6	ロフ×、拾×
	挫	六四3	三二二8	三二四8	
	摛	六五2	三二三6	三二五6	
	捃	六五5	三二四1	三二六1	
	抍	七二4	三二〇1	三二二1	字形小異
	撗	七五2	三二二4	三二四4	撗×
	拓	七五2	三二二4	三二四4	
	捫	七五5	三二二7	三二四7	
	掘	八一1	三一七5	三一九5	
	掇	八七1	三三二7	三三四7	ヒロ×
	採	九一5	三三六7	三三八7	
ヒンカシ					↓ヒムカシ
フ					
フ	搞	九五6	三四〇3	三四二3	
フカウソ	沓篠	一二八3	三六八8	三七〇8	トフカウソ
フカシ	沓	一二八3	三六八8	三七〇8	
フカミクサ	牡丹	九5	二六五1	二六七1	
フク	搡	六八3	三一六4	三一八4	
フクシ	搶	六五5	三一四1	三一六2	
フクム	婪	一四八4	三八六5	三八八5	
フクロ	橐	一〇三6	三四七4	三四九4	字形小異
フサイ	挃	七六5	三二三6	三二五6	サイ傍書、フ×
フサカル	掩	六四7	三一三4	三一五4	掩×
フサク	拄	四八5	二九九2	三〇一2	
	攢	六九3	三一七3	三一九3	

和訓	漢字	宝本所在	観本所在	天本所在	注記
	拒	七九2	三一五8	三一七8	フ×
	攘	八二3	三一八6	三三〇8	
	擁	八七3	三三三1	三三五1	
	扗	九六2	三四〇6	三四二6	
	杜	一二九1	三六九5	三七一5	
	欝	一四九3	三八七3	三八九3	字形小異
フサナル	捴	七八7	三一五6	三一七6	ナル傍書
	森	一四八2	三八六3	三八八3	
フサヌ	捴	七八7	三一五6	三一七6	
フシ	纇	三九3	二九一1	二九三1	
	栫	一四二1	三八〇8	三八二8	
フシツケ	檫	一三六2	三七五7	三七七7	
フス	頓	二九7	二八二7	二八四7	フ爪
フスヘ	附贅	二一5	二七五5	二七七5	
	疣贅	二一5	二七五5	二七七5	「疣—」
フセキ	扞卸	六三3	三一二1	三一四1	「—卸」
フセキフセク	扞卸	六三3	三一二1	三一四1	「—卸」
フセク	抗	五一3	三〇一5	三〇三5	
	扞	六三2	三一一8	三一三8	
	扞卸	六三3	三一二1	三一四1	「—卸」
	捻	六六4	三一四7	三一六7	

和訓	漢字	宝本所在	観本所在	天本所在	注記
	攅	六九3	三一七3	三一九3	
	挃	七六5	三一三6	三一五6	フ×
	拒	七九2	三一五8	三一七8	
	拂	九四3	三三九1	三四一1	
	杅	一〇四6	三四八3	三五〇3	
	⿱御木	一四六3	三八四6	三八六6	
	禁	一四九1	三八七1	三八九1	フセ×
フタ	扎	九二5	三三七5	三三九5	
	枘	一三七1	三七六5	三七八5	枘×
フタタヒ	兩般	五6	二六一6	二六三6	「兩—」フタヽビ
フナコ	舟子	五3	二六一3	二六三3	「—子」
フナタナ	抴	六二6	三一一5	三一三5	
	桅	一一八2	三六〇1	三六二1	
	枻	一二七6	三六八4	三七〇4	
フナネ	艕	八6	二六四3	二六六3	フナ尓
フナハシ	航	六1	二六一8	二六三8	ナ×
フナハタ	舷	五4	二六一4	二六三4	
	舫	六4	二六二3	二六四3	
	抴	六二6	三一一5	三一三5	
フナヤ	艫	六5	二六二4	二六四4	
フナヤカタ	艫	六5	二六二4	二六四4	

訓	字				備考
フナヤモヒ	苫船	六3	二六二2	二六四2	「苫—」
フナヨソヒ	艤	八4	二六四1	二六六1	フ×
フネ	舟	五3	二六一3	二六三3	フ子
	船	六2	二六二1	二六四1	フ子
	舫	六4	二六二3	二六四3	フ子
	艫	六5	二六二4	二六四4	フ尓、尓×
	艚	七4	二六三2	二六五2	
	攬	五三2	三〇三2	三〇五2	
	槽	一一一6	三五四4	三五六4	フ子
フネノカチ	捐	五四5	三〇四4	三〇六4	フ子ノカチ
	擳	五四5	三〇四4	三〇六4	フ子ノカチ、チ×
	枻	一二七5	三六八3	三七〇3	フ子ノカチ
フフム	頷	三一5	二八四3	二八六3	フ、ム
フミ	質	二五7	二七九3	二八一3	
	貧	二七6	二八〇8	二八二8	
	扎	九二5	三三七5	三三九5	
フミツクヱ	書案	一三一2	三七一4	三七三4	
フミヒツ	書櫃	一二〇5	三六二2	二六四2	
フム	猾	一三7	二六八7	二七〇7	フム×
フムタ	札	一一六7	三五八8	三六〇8	ムタ×
フモト	禁	一四八3	三八六4	三八八4	
フル	舡	一五6	二七〇4	二七二4	ル×
	觸	一六5	二七一2	二七三2	

訓	字				備考
	抵	七六2	三一三3	三一五3	
	扝	七六3	三一三4	三一五4	
	撫	九三2	三三七8	三三九8	
	秘	一三一1	三七一3	三七三3	布ル
フルフ	貢	二七4	二八〇6	二八二6	
	擿	七〇3	三一八2	三二〇2	
	捶	七〇5	三一八4	三二〇4	
	擻	七七1	三一四1	三一六1	
	揌	七九1	三一五7	三一七7	
	拎捒	八〇3	三一六8	三一八8	
	揮	八一5	三一八1	三二〇1	
	振	八一6	三一八2	三二〇2	
	㨄	八七2	三三二8	三三四8	
	提	八八2	三三三7	三三五7	
	搖	九〇1	三三五4	三三七4	
	揨	九五2	三三九7	三四一7	
	捸	九五3	三三九8	三四一8	
フレハフ	控	五七5	三〇七1	三〇九1	
	振	九一4	三三六6	三三八6	

ヘ

訓	字				備考
ヘ	舳	六7	二六二6	二六四6	

和訓	漢字	宝本所在	観本所在	天本所在	注記
	艫	六7	二六二6	二六四6	ヘ×
ヘク	販	二七2	二八〇4	二八二4	
	撝	八八4	三三四1	三三六1	
ヘシ	湏	三九1	二九〇7	二九二7	
ヘス	販	二七2	二八〇4	二八二4	ヘ爪
ヘタ	折	八六5	三三二4	三三四4	
ヘツラフ	貿	二一2	二七五2	二七七2	
ヘツル	抃	八九7	三三五3	三三七3	
ヘマキ	饍	一五2	二六九8	二七一8	
ヘミ	椐	一〇六4	三四九7	三五一7	
ヘル	撝	八八4	三三四1	三三六1	
ホ					
ホカラカナリ	顙	二九5	二八二5	二八四5	小カラカナリ
	彰	四〇4	二九二1	二九四1	小カラカナリ
ホクル	頞	三一2	二八三8	二八五8	小クル
ホコ	搶	六五5	三一四1	三一六1	小コ
	栔	一四三1	三八一7	三八三7	小コ
	桙	一四五7	三八四3	三八六3	小コ
	檝	一四七5	三八五7	三八七7	小コ
ホコタチ	棖	一二六6	三六七5	三六九5	小コタチ
ホコトリ	弄搶	六五5	三一四1	三一六1	字形小異、小コトリ
ホコノサキ	頪	三八1	二八九8	二九一8	小コノサキ、小×
ホシ	槁	一二三3	三六三6	三六五6	小シ
ホシイママ	肆	四一7	二九三3	二九五3	小シイマ、×
	擅	八九6	三三五2	三三七2	小シイマ、
	梅檀	九九1	三四三3	三四五3	小シイマ、
	攅	一一九4	三六一2	三六三2	小シイマ、
	槁	一二二5	三六三8	三六五8	小シイマ、
ホシイマムマ	大	一四九5	三八七5	三八九5	犬の誤、小シイマムマ
ホシママ	攅	六九3	三一七3	三一九3	小シマ、
	撻	七一5	三一九3	三二一3	小シマ、
	掖	七八3	三二五2	三二七2	小シマ、、シマ×
	播	八八7	三三四4	三三六4	小シマ、
	提	九二2	三三七3	三三九3	小シマ、
ホス	樂	一二三7	三六五1	三六七1	小ス
ホソ	樞	一一一3	三五四1	三五六1	小ソ
ホソキ	柧	一一四7	三五七2	三五九2	小ソキ、ソ×
	枇	一一八6	三六〇5	三六二5	小ソキ
	椒	一一九5	三六一3	三六三3	小ソキ
	楞枡	一一九6	三六一4	三六三4	「楞—」卩ソキ

ホソシ	椐	一〇六4	三四九7	三五一7	小ソシ
	枇	一一八6	三六〇5	三六二5	小ソシ
	概	一三三3	三七三3	三七五3	小ソシ
ホタクヒ	檄	一三九2	三七八4	三八〇4	字形小異、小タクヒ
ホタシ	桎	一二八7	三六九4	三七一4	卟タシ
ホツナ	長梢	一二四3	三六五4	三六七4	「長—」小ツナ
ホトコス	矙	二三7	二七七5	二七九5	小トコス
	肆	四二1	二九三4	二九五4	小トコス、コス×
	抱	五〇2	三〇〇5	三〇二5	小トコ爪、コ×
	措	六八7	三一六8	三一八8	小トコス、トコ×、措×
	揮	八一5	三二八1	三三〇1	小トコス
	播	八八7	三三四4	三三六4	小トコス
	栴檀	九九1	三四三3	三四五3	小トコス
	植	一〇二1	三四五8	三四七8	卟トコス、ス×、字形小異
ホトハシル	猖	一五六3	三九三4	三九五4	小トハシル
ホトリ	頭	二八7	二八一8	二八三8	小トリ
	捭	六三4	三一二2	三一四2	小トリ、ト×
ホナモツ	操	六八2	三一六3	三一八3	小ナモツ
ホネ	骨	九7	二六五3	二六七3	小ネ
	髖	一三6	二六八6	二七〇6	小ネ
ホネノナツキ	髂	一一1	二六六3	二六八3	小ネノナツキ
	髄	一一6	二六六8	二六八8	骨ノナツキ、キ×
ホノカナリ	頬	三八1	二八九8	二九一8	小ノカナリ、カ×
ホノカニ	髣	四三1	二九七1	二九九1	小ノカニ
	髴	四三2	二九七2	二九九2	小ノカニ、ニ×
ホノカミ	鬢	四四6	二九八5	三〇〇5	小ノカミ
ホノメク	髣	四三1	二九七1	二九九1	小ノメク
ホハシラ	檣	一二六2	三六七1	三六九1	小ハシラ
ホヒコル	胞	二七4	二八〇6	二八二6	小ヒコル、ヒ×
ホホ	頬	三五2	二八七4	二八九4	小、
	掣	五四2	三〇四1	三〇六1	小、
	摧	八五4	三三一4	三三三4	小、
ホホカシハノキ	厚朴	一一七4	三五九4	三六一4	小、カシハノキ
ホホカミ	髯	四二7	二九六8	二九八8	小、カミ
ホホカラナシ	樕	一二〇1	三六一6	三六三6	小、カラナシ、ナシ×
ホホノキ	朴	一一七3	三五九3	三六一3	小、ノキ
ホム	触	一八5	二七二8	二七四8	小ム
	頌	三九4	二九一2	二九三2	小ム
	稱揚	六七2	三一五4	三一七4	「稱—」小ム
ホル	捧	六三1	三一一7	三一三7	小ル
	掘	八一1	三二七5	三二九5	小ル
ホロシ	桯	一一八2	三六〇1	三六二1	卟ロシ

マ

マイル	額	三四1	二八六4	二八八4	ル×

和訓	漢字	宝本所在	観本所在	天本所在	注記
マウク	搊	九五7	三四〇4	三四二4	
マウス	解	一四7	二六九6	二七一6	マウ爪
マカキ	架	一二一7	三六三3	三六五3	
マカス	撼	五五5	三〇五3	三〇七3	
マカリキ	椁	一三四3	三七四2	三七六2	
マカリス	撤	七七4	三二四4	三二六4	字形小異
マカル	鰥	一八5	二七二8	二七四8	
	鮇	一九2	二七三4	二七五4	
	撤	七七4	三二四4	三二六4	ル傍書、字形小異
	扗	九二7	三三七7	三三九7	
	猥	一五一3	三八九1	三九一1	マカ×
マカレリ	枉	一二八6	三六九3	三七一3	
マキ	橡	一一四2	三五六5	三五八5	
	柀	一三一3	三七一5	三七三5	
マキイタ	巻板	一〇九2	三五二2	三五四2	
マキル	拱	六九3	三一七3	三一九3	
	搏	八五6	三三一6	三三三6	
マク	負	二三6	二七七4	二七九4	マ×
	撵	五〇4	三〇〇7	三〇二7	
	抆	五三6	三〇三6	三〇五6	
	扗	九二7	三三七7	三三九7	

和訓	漢字	宝本所在	観本所在	天本所在	注記
	猥	一五一3	三八九1	三九一1	ク傍書
マクサ	楣	一〇九4	三五二4	三五四4	
マクラ	枕	一一六6	三五八7	三六〇7	
	桄	一一六7	三五八8	三六〇8	
マケテ	枉	一二八6	三六九3	三七一3	ケテ×
マコト	頬	三八1	二八九8	二九一8	
	扨	六九5	三一七5	三一九5	マ𠃍
	揣	七〇1	三一七8	三一九8	マ×
	挍	八〇4	三二七1	三二九1	マ𠃍、コト傍書
	桉	一二四2	三六五3	三六七3	
マサ	相	一三三3	三七三3	三七五3	
マサクル	拚	六〇2	三〇九3	三一一3	
	揅	六〇2	三〇九3	三一一3	
マサシ	擿	七〇3	三一八2	三二〇2	
	挌	七八3	三二五2	三二七2	
	臬	一三三2	三七三2	三七五2	
	樀	一四六2	三八四5	三八六5	
マサニ	挌	七八3	三二五2	三二七2	マ×
	賢	一九7	二七四1	二七六1	
マサル	長	四一5	二九三1	二九五1	
	攬	五三4	三〇三4	三〇五4	

マサレリ	賢	一九7	三七四1	三七六1	
マシハル	接	九三6	三三八5	三四〇5	ル×
マシフ	挍	六一6	三一〇6	三一二6	
	捷	七一2	三一八8	三二〇8	
マス	負	二八3	二八一4	二八三4	
	長	四一5	二九三1	二九五1	
マセ	欄	一二九7	三七〇3	三七二3	
	栫	一四一7	三八〇7	三八二7	
マセカキ	柟	一〇二6	三四六5	三四八5	字形小異
	柵	一〇二7	三四六7	三四八7	カキ×
マタ	撐	五〇4	三〇〇7	三〇二7	タ傍書
	抳	五〇5	三〇〇8	三〇二8	マ×
	犾	一五〇4	三八八3	三九〇3	
マタキ	粱徒	一五〇6	三八八5	三九〇5	
	框	一三一4	三七一6	三七三6	
マタシ	柩	一二一1	三六二5	三六四5	シ×
マタフリ	杈椏	一一九7	三六一5	三六三5	
マタマ	顒	三〇2	二八三1	二八五1	
マタラカナリ	彪	四一3	二九二7	二九四7	
マタラナリ	賦	二六3	二七九6	二八一6	
	揷	七〇5	三一八4	三二〇4	
マチ	摳	五四3	三〇四2	三〇六2	
マツ	松	一〇二7	三四六7	三四八7	
	松明	一〇三2	三四六8	三四八8	「―松」
マツシ	貧	二七6	二八〇8	二八二8	
マツノミ	松子	一〇三1	三四六6	三四八6	「―子」
マツハシノウヘノキヌ	縫掖	七八4	三二五3	三二七3	「縫―」
マツリコト	機	九二7	三三七6	三三九6	マツリヿ
マツル	掌	四八2	二九八7	三〇〇7	
	搓	七二3	三一九8	三二一8	
マト	垜	一〇九3	三五二2	三五四2	
	臬	一三三2	三七三2	三七五2	
	櫳	一四一2	三八〇2	三八二2	
マトカ	扑	九五1	三三九6	三四一6	
マトカナリ	負	二八3	二八一4	二八三4	
マヌカル	扶	六一7	三一〇7	三一二7	
マネキル	攄	五六7	三〇六4	三〇八4	字形小異、マ子キル
	擬	九三5	三三八4	三四〇4	マ子キル
マネク	抌	五一1	三〇一3	三〇三3	
	掐	六九6	三一七6	三一九6	マ子ク
	撤	七七4	三二四4	三二六4	字形小異、マ子ク
	撥	八七1	三三二7	三三四7	マ子ク
	搗	八八4	三三四1	三三六1	マ子ク
	拂	九四3	三三九1	三四一1	マ子ク
マハス	攪	五三4	三〇三4	三〇五4	
マヒナヒ	貨	二〇2	二七四3	二七六3	

和訓	漢字	宝本所在	観本所在	天本所在	注記
マヒロク	披	六一5	三一〇5	三一二5	
マヒロケタリ	昌披	六一5	三一〇5	三一二5	「昌―」
マフサハシカミ	蜀枡	一一九6	三六一4	三六三4	
マヘ	賕	二一7	二七五7	二七七7	
	樧	一〇五3	三四八7	三五〇7	
マホル	授	九五1	三三九6	三四一6	マ小ル、マ×
	禁	一四九1	三八七1	三八九1	マ小ル
マミナヒ	貨	二〇2	二七四3	二七六3	ミ傍書
	賂	二三4	二七六3	二七八3	ヒ傍書
マミナフ	賂	二三4	二七六3	二七八3	
マモル	扞	六三2	三一一8	三一三8	
	捍	六三3	三一二1	三一四1	
	鎮捍	六三3	三一二1	三一四1	
マユアヒ	頬	三四7	二八七2	二八九2	
マユミ	栴檀	九九1	三四三3	三四五3	マ×
マリ	椀	一三八6	三七八1	三八〇1	
マロカシ	摶	八五5	三三一5	三三三5	
マロカス	掬	五九4	三〇八6	三一〇6	
	揣	七〇1	三一七8	三一九8	マ×
	摶	八五5	三三一5	三三三5	ス傍書

ミ

和訓	漢字	宝本所在	観本所在	天本所在	注記
ミ	體	一〇2	二六五5	二六七5	
	質	二五7	二七九3	二八一3	
	猯	一五〇7	三八八6	三九〇6	ミ×
	猉	一六一4	三九七8	三九九8	
ミサシ	髻	四七1	二九五5	二九七5	カミサシか
ミサヲ	操	六八2	三一六3	三一八3	
ミシカシ	賤	二六6	二八〇1	二八二1	
	拼	六〇3	三〇九4	三一一4	
	拉	九四5	三三九3	三四一3	
	椑	一〇三7	三四七5	三四九5	
ミシク	撈	六五2	三一三6	三一五6	撈×
ミソ	渠	一四五7	三八四3	三八六3	ミ×
ミタマノフエ	頼	三四4	二八六7	二八八7	タ×
ミタメ	槃	一三〇4	三七〇7	三七二7	
ミタリ	猥	一五一3	三八九1	三九一1	
	猥	一六一1	三九七5	三九九5	リ×
ミタリカハシ	狼	一五〇4	三八八3	三九〇3	
ミタル	猾	一三7	二六八7	二七〇7	

	贖	二三2	三七六8	三七八8	タ×
	鬆	四七4	三九五8	三九七8	ル×
	攬	五三2	三〇三2	三〇五2	
	攪	五三4	三〇三4	三〇五4	
	拏	六三6	三一二4	三一四4	
	擾	七四7	三二二2	三二四2	擾×
	挌	七八3	三一五2	三一七2	
	攖	七九5	三一六3	三一八3	字形小異
	攘	八二3	三一八6	三二〇6	
	擔	八四4	三三〇5	三三二5	字形小異
	撓	八九4	三三四8	三三六8	
	棼	一四八6	三八六7	三八八7	
	禁	一四九1	三八七1	三八九1	タル×
	猾	一五二2	三八九7	三九一7	
	狽	一五四5	三九一8	三九三8	ル×
	猾	一六一4	三九七8	三九九8	
ミチ	哲	七六4	三二三5	三二五5	
	棧	一一二3	三五四8	三五六8	
	榼	一四四5	三八三2	三八五2	
	猶	一五〇2	三八八1	三九〇1	
	猷	一五〇3	三八八2	三九〇2	
ミチヒク	擯	五七5	三〇七1	三〇九1	ミ×
	接	九三6	三三八5	三四〇5	

	相	一三三3	三七三3	三七五3	
ミツ	頒	三九1	二九〇7	二九二7	
	抵	七六2	三二三3	三二五3	
	扞	七六3	三二三4	三二五4	
	桄	一一六6	三五八7	三六〇7	
	撗	一一九5	三六一3	三六三3	
ミツキモノ	貢	二六4	二七九6	二八一6	ミツキ牛
ミツマタナルマタフリ	拒	七九3	三一六1	三一八1	
ミツラ	鬢	四七6	二九六2	二九八2	ミ×
ミテリ	插	九二6	三三七6	三三九6	
	樸	一三二2	三七二3	三七四3	
ミナ	捻	七八7	三二五6	三二七6	ミ×
ミナソコ	渠	一四五7	三八四3	三八六3	
ミノタキ	身長	四一6	二九三2	二九五2	「身—」長×
ミノナガサ	身長	四一6	二九三2	二九五2	「身—」
ミミセセノホネ	完骨	九7	二六五3	二六七3	ミヽセヽノ字、セヽ×
ミミヤク	木兎	九八5	三四二8	三四四8	「—兎」ミヽヤク、ミヽツクの誤
ミヤコ	禁	一四九1	三八七1	三八九1	ミ×
ミヤツコキ	接骨木	九八3	三四二6	三四四6	「接骨—」
	楨	一二五7	三六六7	三六八7	
ミヤヒカニ	搭	六八3	三一六4	三一八4	
ミル	賢	一九7	二七四1	二七六1	
	賊	二三7	二七七5	二七九5	

和訓	漢字	宝本所在	観本所在	天本所在	注記
	顯	三八4	二九〇3	二九二3	
	撿	六五4	三一三8	三一五8	ミ×
	水松	一〇三2	三四六8	三四八8	「水―」
	海松	一〇三2	三四六8	三四八8	「海―」
	案	一三一2	三七一4	三七三4	
	相	一三三2	三七三2	三七五2	ミ×
ミヲヒキノフネ	水脉船	六3	二六二2	二六四2	「水脉―」ミヲヒキノフ子
ム					
ムカハキ	骹	一一3	二六六5	二六八5	
ムカヒ	對扞	六三3	三一二1	三一四1	「對―」
ムカヒコハム	對扞	六三3	三一二1	三一四1	「對―」
ムカフ	贍	二〇7	二七四8	二七六8	フ×
	賞	二六5	二七九8	二八一8	
	頒	二九6	二八二6	二八四6	
	抗	五一3	三〇一5	三〇三5	ム×
	杭	一一六4	三五八5	三六〇5	
	獨	一五二7	三九〇3	三九二3	
ムカヘリ	質	二六1	二七九4	二八一4	
ムキレムシノキ	欒	一〇六7	三五〇2	三五二2	
ムキヲスキ	衦麺杖	一二四5	三六五6	三六七6	「衦麺―」
ムク	梀	一〇四4	三四八1	三五〇1	
ムクユ	賦	二六3	二七九6	二八一6	
	捲	五〇2	三〇〇5	三〇二5	
	挍	六一6	三一〇6	三一二6	ユ×
ムクレニシノキ	木欒子	一〇六7	三五〇2	三五二2	「木―子」ムクレ×
ムクロ	質	二五7	二七九3	二八一3	
ムサホル	贅	二一4	二七五4	二七七4	ムサ小ル
	貪	二七1	二八〇3	二八二3	ムサ小ル
	掲	六六7	三一五1	三一七1	ムサ小ル
	摟	九五6	三四〇3	三四二3	ムサ小ル
	婪	一四八4	三八六5	三八八5	ムサ小ル
ムシ	鬐	四五3	二九四1	二九六1	シ×
ムシナ	狢	一五三5	三九一1	三九三1	
ムシル	摘	七〇4	三一八3	三二〇3	ム×
	揃	八九5	三三五1	三三七1	シ×
ムスフ	掏	五九4	三〇八6	三一〇6	
	掬	五九4	三〇八6	三一〇6	
	拈	九二4	三三七4	三三九4	
	括	九二5	三三七5	三三九5	
ムセフ	欝	一四九3	三八七3	三八九3	字形小異

ムタク	挹	五〇6	三〇一1	三〇三1	
ムチウツ	撾	七一3	三一九1	三二一1	
	枚	一〇〇1	三四四2	三四六2	
ムツオヨヒ	駢攩	四八5	二九九2	三〇一2	「駢―」
ムツヒテ	収拾	六四2	三一二7	三一四7	「収―」ヒ×
ムツフ	贈	二〇6	二七四7	二七六7	
ムツマシ	扵	七九7	三一六5	三一八5	マ×
ムナシ	指	四八6	二九九3	三〇一3	
	捎	八八3	三三三8	三三五8	
ムナホネ	鳩尾骨	一〇1	二六五4	二六七4	「鳩尾―」ムナ子、ムナ×
ムネ	指	四八6	二九九3	三〇一3	ム子
	揆	七三2	三二〇6	三二二6	ム子
	摡	七六1	三二三2	三二五2	ム子
	擘	八二6	三一九1	三二一1	字形小異
	楝	一〇一6	三四五6	三四七6	
	桴	一〇五6	三四九2	三五一2	ム子
	杜	一一七4	三五九4	三六一4	
	椶	一二三1	三六四3	三六六3	ム子
	橑	一二六7	三六七6	三六九6	ム子
ムネウチホトハシル	擗踴	八二7	三一九2	三二一2	「―踴」ム子ウチ小トハシル、シル×
ムハフ	掠	七八4	三二五3	三二七3	ム×
	揮	八一5	三一八1	三二〇1	
ムヘ	梛	一三四7	三七四6	三七六6	ヘ×
	棣	一三五1	三七四7	三七六7	
ムマトトム	磬	五七5	三〇七1	三〇九1	ムマト、ム、字形小異
ムマハセ	磬	五七5	三〇七1	三〇九1	字形小異
ムマフネ	艚	七4	二六三2	二六五2	
	槽	一一一6	三五四4	三五六4	ムマフ子
	馬槽	一二六4	三六七3	三六九3	ムマフ子
ムム	挽	五〇7	三〇一2	三〇三2	ム、ム、[観]訓なし
ムメノキ	梅	九九2	三四三4	三四五4	
ムヤス	貿	二一2	二七五2	二七七2	ムヤ爪
	賁	二四4	二七八1	二八〇1	ムヤ爪
ムラ	村	一一〇7	三五三6	三五五6	
ムラカル	摯	五二2	三〇二3	三〇四3	ム×
	推	八四1	三三〇2	三三二2	
	摶	八五6	三三一6	三三三6	
	棍	一〇九7	三五二7	三五四7	
ムロ	㮒	一〇六6	三五〇1	三五二1	

メ

メカツラ	桂	一一三4	三五五8	三五七8	
メクム	睨	二〇5	二七四6	二七六6	ム×
メクラス	挟	九三2	三三八1	三四〇1	メ×

和訓	漢字	宝本所在	観本所在	天本所在	注記
メクル	批	八三6	三一九8	三三一8	
	捉	八六1	三三一8	三三三8	
	撓	八九4	三三四8	三三六8	
	搖	九〇1	三三五4	三三七4	
メコマ	狸	一五〇2	三八八1	三九〇1	
メサシ	瞰	四二4	二九六5	二九八5	
	髫	四三4	二九七4	二九九4	
	髦	四三5	二九七5	二九九5	
モ					
モク	撙	五九6	三〇八8	三一〇8	字形小異
	挫	七六6	三二三7	三二五7	
モケ	木/氶	九八4	三四二7	三四四7	「―氶」
	⿰木林	一四八2	三八六3	三八八3	
モシ	頗	二九7	二八二7	二八四7	
	拒	七九3	三二六1	三二八1	
モタク	擡	八八2	三三三7	三三五7	
モタリ	把	四九7	三〇〇3	三〇二3	モ×
	持	八五4	三三一4	三三三4	
モタル	黙	一五三7	三九一3	三九三3	

和訓	漢字	宝本所在	観本所在	天本所在	注記
モチツツシ	栟	一〇五1	三四八5	三五〇5	モチツ、シ
	栟	一四一1	三八〇1	三八二1	モチツ、シ、モチツ×
	⿰木奔	一四五7	三八四3	三八六3	モチツ、シ
モチヰル	費	二七3	二八〇5	二八二5	ヰ×
	湏	三九1	二九〇7	二九二7	
	肆	四二1	二九三4	二九五4	ヰ×
	控	五七5	三〇七1	三〇九1	モ×
モツ	賣	二〇3	二七四4	二七六4	
	抱	五〇2	三〇〇5	三〇二5	
	搤	五〇3	三〇〇6	三〇二6	
	攆	五〇4	三〇〇7	三〇二7	
	掔	五二7	三〇二8	三〇四8	ツ×
	攬	五三2	三〇三2	三〇五2	
	扶	六二2	三一一1	三一三1	
	拓	七五3	三二二5	三二四5	
	握	八一2	三二七6	三二九6	モ×
	⿰扌卮	八四4	三三〇5	三三二5	
	持	八五4	三三一4	三三三4	
	杖	一二四4	三六五5	三六七5	
モテアソフ	賞	二六5	二七九8	二八一8	ア×
	貦	二八3	二八一4	二八三4	

	掩	五〇2	三〇〇5	三〇二5	
	扑	六〇1	三〇九2	三一一2	テ×
	捊	六〇2	三〇九3	三一一3	
	擥	七二2	三一九7	三二一7	
	撫	九三2	三三七8	三三九8	
モテス	湏	三九1	二九〇7	二九二7	
モト	質	二五7	二七九3	二八一3	
	湏	三九1	二九〇7	二九二7	ト×
	本	一三三5	三七三5	三七五5	
	杌	一三六6	三七六3	三七八3	
モトコハシ	槆	一三七2	三七六6	三七八6	トコハシ×
モトツク	本	一三三5	三七三5	三七五5	
モトトリ	髫	四三3	二九七3	二九九3	モト、リ
	髻	四三4	二九七4	二九九4	モト、リ
	鬟	四七6	二九六2	二九八2	モト、リ
モトホル	擁	八七3	三三三1	三三五1	モト小ル
モトム	湏	三九1	二九〇8	二九二8	ム×
	捜	五七2	三〇六6	三〇八6	
	揉	六五5	三一四1	三一六1	
	攅	七四3	三一一6	三一三6	
	扵	七九7	三一六5	三一八5	
	攘	八二3	三二八6	三三〇6	
モトユヒ	鬠	四三4	二九七4	二九九4	ヒ×

モトヨリ	資	二〇1	二七四2	二七六2	モト×
モトル	捲	六七7	三一六1	三一八1	トル×
	捩	八一4	三一七8	三一九8	字形小異
	撩	八三2	三二九4	三三一4	
	拂	九四3	三三九1	三四一1	
	戾	一五一7	三八九5	三九一5	
	狡	一五二1	三八九6	三九一6	
モトルチ	捩	八一4	三一七8	三一九8	字形小異、チ傍書
モトヰ	本	一三三5	三七三5	三七五5	
モノキ	樅	一〇八6	三五一7	三五三7	モミノキか
モノノホネ	毹	一〇4	二六五7	二六七7	モノ、小ネ
モハラ	顓	三三2	二八五6	二八七6	顓×
	擅	八九6	三三五2	三三七2	
	栴檀	九九1	三四三3	三四五3	
モヒ	椀	一三八6	三七八1	三八〇1	
モミ	樅	一〇八6	三五一7	三五三7	
モミフルフ	攅揺	七四3	三一一6	三一三6	
モム	捲	六七7	三一六1	三一八1	
	揉	六八5	三一六6	三一八6	
	搯	七三5	三一一1	三一三1	
	攤	七九4	三二六2	三二八2	
	撫	九三2	三三七8	三三九8	ム×
モモ	髀	一〇6	二六六1	二六八1	モ、

和訓	漢字	宝本所在	観本所在	天本所在	注記
	團髀	一〇7	二六六2	二六八2	モ、
	髈	一一6	二六六8	二六八8	モ、
	桃	一〇三2	三四六8	三四八8	モ、
モモノキ	桃	一〇三2	三四六8	三四八8	モ、ノキ、ノ×
モモノサネ	桃人	一〇三3	三四七1	三四九1	「—人」モ、ノサ子
	桃奴	一〇三3	三四六1	三四八1	「—奴」モ、ノサ子
モモノヤニ	桃脂	一〇三3	三四七1	三四九1	モ、ノヤニ
	桃膠	一〇三4	三四七2	三四九2	「—膠」モ、ノヤニ
モリ	杜	一二九1	三六九5	三七一5	
モロシ	猥	一五一3	三八九1	三九一1	
モロトモニス	搜	六六2	三一四5	三一六5	
モロモロ	搜	六六3	三一四6	三一六6	モロ〱
ヤ					
ヤ	扵	七九7	三一六5	三一八5	
ヤウヤク	攉	四九6	三〇〇2	三〇二2	
ヤカタ	艦	六5	二六二4	二六四4	
ヤカタホネ	髏	一四2	二六九1	二七一1	ヤカタ小ネ
ヤカラ	挨	七六7	三三三8	三三五8	ラ×
	挨	九一6	三三六8	三三八8	
	挨	九七6	三四二1	三四四1	
ヤクノ	錦貝	一九5	二七三7	二七五7	「錦—」
ヤクラ	擅	九一1	三三六3	三三八3	
	櫓	一一一5	三五四3	三五六3	
ヤクレ	枌	一〇七5	三五〇7	三五二7	ク傍書
ヤサキ	栝	一一〇3	三五三2	三五五2	
ヤシナフ	頤	三四5	二八六8	二八八8	頤×
	扠	五三5	三〇三5	三〇五5	
	搆	九三1	三三七8	三三九8	字形小異
ヤシム	擾	五六3	三〇五8	三〇七8	シ傍書
ヤスクス	莱	一二五3	三六六3	三六八3	
ヤスシ	賎	二六7	二八〇2	二八二2	
	彭	四〇7	二九二4	二九四4	
	攉	四九6	三〇〇2	三〇二2	
	提	九三7	三三八6	三四〇6	
	莱	一二五3	三六六3	三六八3	シ傍書
	楺	一二五4	三六六4	三六八4	
	狎	一五二6	三九〇3	三九二3	ヤ×
ヤスム	擾	五六3	三〇五8	三〇七8	
	撫	九三2	三三七8	三三九8	
ヤトフ	賃	二七1	二八〇3	二八二3	

ヤトリ	鵃	一四四1	三八二6	三八四6	
ヤトル	捷	九二5	三三七5	三三九5	
	揷	九二6	三三七6	三三九6	
	栖	一〇二2	三四六1	三四八1	
ヤナ	梁	一一三2	三五五6	三五七6	字形小異
ヤナキ	獨	九〇2	三三五5	三三七5	キ×
	楊梅	九九3	三四三5	三四五5	
ヤナクヒ	掤	五九1	三〇八3	三一〇3	
	棚	一一三5	三五六1	三五八1	ヤ×
ヤニレ	枌	一〇七5	三五〇7	三五二7	〔観〕訓なし
ヤネフ	樕	一二三5	三六四7	三六六7	ヤ子フ
ヤハス	扶	六一7	三一〇7	三一二7	ハ×
	栝	一一〇3	三五三2	三五五2	
ヤハラカナリ	體	一〇2	二六五5	二六七5	
	葇	一二五3	三六六3	三六八3	
ヤハラカニ	葇	一二五3	三六六3	三六八3	ニ傍書
ヤハラク	顡	三六6	二八八8	二九〇8	ハ×
	顟	三六7	二八八7	二九〇7	〔観〕配列異なり訓なし
ヤフル	賈	二三1	二七六7	二六八7	
	敗	二七5	二八〇7	二八二7	
	頓	三二2	二八三8	二八五8	
	彫	四〇5	二九二2	二九四2	ヤ×、ル×
	揚	六七1	三一五3	三一七3	揚×
	排	八三7	三三〇1	三三二1	
	撥	八七1	三三二7	三三四7	カフルか
ヤマエノキ	梏	一二三1	三六四3	三六六3	
ヤマカキ	鹿心柹	一二八4	三六九1	三七一1	「鹿心―」
ヤマクサ	狼毒	一六一3	三九七7	三九九7	
ヤマクハ	樕	一一九2	三六〇8	三六二8	
ヤマコ	獿	一五三4	三九〇8	三九二8	
ヤマシ	肆	四一7	二九三3	二九五3	
ヤマシム	桔梗	一二一7	三六四2	三六六2	シ×
ヤマナシ	樆	一三七1	三七六5	三七八5	樆×、マナシ×
	木離	一三七1	三七六5	三七八5	
ヤマヒ	賛	二一6	二七六5	二七八5	
	挭	九一7	三三七1	三三九1	
ヤマフキ	帍鬢	四四7	二九三6	二九五6	「帍―」
ヤマモモ	楊梅	九九3	三四三5	三四五5	ヤマモ、
	黒櫻子	一〇〇2	三四四3	三四六3	ヤマモ、
ヤム	掩	六四7	三一三4	三一五4	掩×
	挭	九一7	三三七1	三三九1	
	抑	九三3	三三八2	三四〇2	
	休	一一八4	三六〇3	三六二3	
	禁	一四九1	三八七1	三八九1	
ヤメテ	捨	六五3	三一三6	三一五6	
ヤヤ	挍	六一6	三一〇6	三一二6	ヤ、

和訓	漢字	宝本所在	観本所在	天本所在	注記
ヤヤムスレハ	挍	六一6	三一〇6	三一二6	ヤ、ムスレハ
ヤリカタ	槙	一二五6	三六六6	三六八6	ヤ傍書
ヤル	貫	二八2	二八一3	二八三3	
	欝	一四九2	三八七2	三八九2	字形小異
ユ					
ユ	臾猶	一五〇3	三八八2	三九〇2	
ユカケ	決拾	六四2	三一二7	三一四7	
ユク	舩	八4	二六四1	二六六1	
	順	三三3	二八五7	二八七7	順×
ユシ	柞	一三一1	三七二2	三七四2	シ×
ユシノキ	柞	一三一2	三七二2	三七四2	
ユタカナリ	贍	二〇7	二七四8	二七六8	
	賒	二二2	二七六1	二七八1	カ×
	賦	二六3	二七九6	二八一6	
ユタメ	檠	一三〇4	三七〇7	三七二7	
ユツリハ	杜	一二九1	三六九5	三七一5	
ユツル	揖	五四3	三〇四2	三〇六2	
	攘	八二3	三二八6	三三〇6	
	推	八四1	三三〇2	三三二2	

和訓	漢字	宝本所在	観本所在	天本所在	注記
ユツルハ	槵	一〇二1	三四五8	三四七8	
ユツロフ	撤	七七1	三二四1	三二六1	
ユヒ	指	四八6	二九九3	三〇一3	ヒ×
ユヒサス	指	四八6	二九九3	三〇一3	ユヒ×
ユヒユヒシ	生梗	九一7	三三七1	三三九1	ユヒ〱シ
ユフ	掬	五九4	三〇八6	三一〇6	
	杻	一二八7	三六九4	三七一4	
ユフネ	沐槽	一二六5	三六七4	三六九4	「沐―」ユフ子
ユミノハス	栝	一一〇3	三五三2	三五五2	ノ×
ユミヒク	貫	二七7	二八一1	二八三1	
ユル	摧	八五4	三三一4	三三三4	
	案	一三一2	三七一4	三七三4	
ユルク	捽	七八1	三二四8	三二六8	
ユルシ	賒	二二2	二七六1	二七八1	
ユルス	貰	二七7	二八一1	二八三1	
	賁	二八4	二八一5	二八三5	
	肆	四二1	二九三4	二九五4	ユル爪
	挺	七一5	三一九3	三二一3	
ユルフ	挺緩	七一5	三一九3	三二一3	「―緩」

ヨ

ヨウス	休	一一八4	三六〇3	三六二3	
ヨキル	狂	一六〇7	三九七4	三九九4	ヨ×
ヨコサマ	撗	六九3	三一七3	三一九3	サ×
	擗	八二6	三一九1	三三一1	
	撗	一一九4	三六一2	三六三2	
ヨコシ	髊	一〇6	二六六1	二六八1	
ヨコシマ	撗	六九3	三一七3	三一九3	シ傍書
	撗	一一九4	三六一2	三六三2	シ傍書
ヨコソテ	擧世	七二1	三一九6	三二一6	「―世」
ヨコタハル	撟	九五6	三四〇3	三四二3	ヨ×
	槗	一二二5	三六三8	三六五8	
ヨコタフ	柲	一三一1	三七一3	三七三3	
	撗	一一九4	三六一2	三六三2	
ヨシ	搷	六六2	三一四5	三一六5	コタ×
	賢	一九7	二七四1	二七六1	ヨ×
	資	二〇1	二七四2	二七六2	
	賀	二三7	二七七5	二七九5	
	顗	三八6	二九〇5	二九二5	シ×
	類	三九2	二九〇8	二九二8	類×
	彩	四一2	二九二6	二九四6	

ヨセタツ	葇	一二五3	三六六3	三六八3	
	榮	一二六7	三六七6	三六九6	榮×
	猗ゝ	一五一4	三八九2	三九一2	
	義類	一五二1	三八九6	三九一6	「義―」
	㨁	九五2	三三九7	三四一7	
	植	一〇二1	三四五8	三四七8	字形小異
ヨセハシラ	柳	九九5	三四三7	三四五7	字形小異
ヨソフ	捶	六四3	三一二8	三一四8	ヨソ×
	㨾	七二5	三三〇2	三三二2	㨾×
	搸	七二6	三三〇3	三三二3	搸×、ヨソ×
ヨタリ	頤津	三四6	二八七1	二八九1	
ヨチテ	攀	一四九2	三八七2	三八九2	
ヨツ	擇	七二2	三一九7	三二一7	
ヨハシ	探	八五3	三三一3	三三三3	
ヨホホナリ	爵	一四九3	三八七3	三八九3	ヨホヽナリ、字形小異
ヨリ	振	八一6	三二八2	三三〇2	
ヨリカカル	猗ゝ	一五一4	三八九2	三九一2	ヨリカヽル
ヨリトコロ	攄	五六2	三〇五7	三〇七7	ヨリ×
ヨル	資	二〇1	二七四2	二七六2	
	頼	三四3	二八六6	二八八6	
	攄	五六2	三〇五7	三〇七7	
	掎	五七6	三〇七2	三〇九2	
	披	六一5	三一〇5	三一二5	

和訓	漢字	宝本所在	観本所在	天本所在	注記
	拾	六四1	三一二6	三一四6	拾×
	擆	六七5	三一五7	三一七7	
	捲	六七7	三一六1	三一八1	
	掾	七二7	三二〇4	三二二4	掾×、ヨ×
	振	八一6	三二八2	三三〇2	
	撫	九三2	三三七8	三三九8	
	授	九五1	三三九6	三四一6	
	棨	一〇四2	三四七7	三四九7	
	杭	一一六4	三五八5	三六〇5	
	枕	一一六6	三五八7	三六〇7	
	桃	一一六6	三五八7	三六〇7	ヨ×
	杖	一二四4	三六五5	三六七5	
	猶	一五〇2	三八八1	三九〇1	
	獨	一五二7	三九〇4	三九二4	ヨ×
ヨロコヒ	賀	二三7	二七七5	二七九5	ヒ傍書
	賞	二六6	二八〇1	二八二1	ヨ×
ヨロコフ	瞻	二〇7	二七四8	二七六8	
	睞	二三4	二七七2	二七九2	
	賀	二三7	二七七5	二七九5	
	賙	二四4	二七八1	二八〇1	
	顉	三四1	二八六4	二八八4	字形小異
	擢	六五7	三一四3	三一六3	擢×
	蘙	一四九3	三八七3	三八九3	字形小異
ヨロシ	挠	八九4	三三四8	三三六8	
	桓	一〇二2	三四六1	三四八1	
	渠	一四五7	三八四3	三八六3	
ヨロシク	義類	一五二1	三八九6	三九一6	「義―」
ヨロヒ	探	八五3	三三一3	三三三3	
レ					
レニシ	檽子	一二五6	三六六6		「―子」字音
ワ					
ワカサル	猿	一五〇1	三八七8	三八九8	禾カサル
ワカツ	體	一〇2	二六五5	二六七5	禾カツ、カツ×
	頒	二九6	二八二6	二八四6	禾カツ
	拼	五九7	三〇九1	三一一1	禾カツ
	拼	六三4	三一二2	三一四2	禾カツ
	擘	八二5	三一八8	三二〇8	禾カツ、字形小異
	折	八六5	三二二4	三二四4	禾カツ、ツ×

ワカツリ	檴	一一五7	三五八1	三六〇1	禾カツリ
ワカツル	⿰扌幾	九二7	三三七7	三三九7	禾カツル、ツ×
	機	一一三1	三五五5	三五七5	禾カツル
ワカフ	頋	三四7	二八七2	二八九2	禾カフ、ネカフの誤
ワカル	贀	二八5	二八一6	二八三6	禾カル
	披	六一5	三一〇5	三一二5	禾カル
	折	八六5	三三二4	三三四4	ル傍書、禾カル
	播	八八7	三三四4	三三六4	禾カル
	梨	一四六1	三八四4	三八六4	禾カル
	枝	一四六4	三八四7	三八六7	禾カル
ワキアケノコロモ	缺掖	七八4	三二五3	三二七3	「缺」禾キアケノコロモ
ワキハサム	揷	七〇5	三一八4	三二〇4	禾キハサム、キ×
	挟	九三2	三三八1	三四〇1	禾キハサム
	狭	一五二6	三九〇3	三九二3	禾キハサム、ハ×
ワキヒタ	掖	七八3	三二五2	三二七2	禾キヒタ
ワキマフ	頎	三五4	二八七6	二八九6	禾キマフ、禾×
	長	四一5	二九三1	二九五1	禾キマフ
	枇	一〇三2	三四六8	三四八8	禾キマフ、マ×
ワクノエ	抳	五〇5	三〇〇8	三〇二8	禾クノエ
	梶	一〇六4	三四九7	三五一7	禾クノエ
ワサハヒ	責	二二6	二七六5	二七八5	禾サハヒ
ワシル	撙	五九6	三〇八8	三一〇8	禾シル
ワスル	捨	六五3	三一三7	三一五7	禾スル
ワタカマル	艓	八5	二六四2	二六六2	禾タカマル
	探	六五6	三一四2	三一六2	禾タカマル
	攔	七五6	三一二8	三一四8	禾タカマル
ワタシフネ	⿰舟行	八6	二六四3	二六六3	禾タシフ尓
ワタリ	格	一〇一5	三四五5	三四七5	禾タリ
ワタル	抗	五一4	三〇一6	三〇三6	禾タル、禾×
	抗	五一4	三〇一6	三〇三6	禾タル
	擦	五八2	三〇七5	三〇九5	禾タル
	掩	六四7	三一三4	三一五4	禾タル、掩×
	掲	六六6	三一五1	三一七1	禾タル
	擦	六九1	三一七1	三一九1	禾タル×、コピーにあり
	攅	六九3	三一七3	三一九3	禾タル
	挌	七八2	三二五1	三二七1	禾タル、ル×
	桒	一二五4	三六六4	三六八4	禾タル
ワツカ	攙	八六2	三三二1	三三四1	禾ツカ、ツカ×
ワツカニ	財	二〇1	二七四2	二七六2	禾ツカニ、ツ×、ニ×
	頒	二九6	二八二6	二八四6	禾ツカニ
	折	八六5	三三二4	三三四4	禾ツカニ
ワツラハシ	煩	三九6	二九一4	二九三4	禾ツラハシ
	擾	七四7	三二二2	三二四2	禾ツラハシ、ハシ傍書
ワツラフ	煩	三九6	二九一4	二九三4	禾ツラフ、フ傍書
	擾	七四7	三二二2	三二四2	禾ツラフ
ワナナク	擳	八七3	三三三1	三三五1	禾ナ、ク

和訓	漢字	宝本所在	観本所在	天本所在	注記
ワノリウコウ	林檎子	一〇八5	三五一6	三五三6	禾ノリウコウ
ワリコ	樏	一二七2	三六七8	三六九8	禾リコ、コ×
ワル	拱	六九4	三一七4	三一九4	禾ル、ル×
	折	八六5	三三二4	三三四4	禾ル
ワロシ	莱	一二五3	三六六3	三六八3	禾ロシ
ヰ					
ヰ					↓イ
ヰル	艘	六7	二六二6	二六四6	
	搶	六五5	三一四1	三一六1	
	楚	一四九1	三八七1	三八九1	ヰ×
ヱ					
ヱ					↓エ
ヱタ	株	一一〇5	三五三4	三五五4	
ヱニスノキ	槐	一一八7	三六〇6	三六二6	
ヱヌ	猗	一五一2	三八八8	三九〇8	ヱ×
ヱムス	榱	一一九1	三六〇7	三六二7	榱×
ヱル	礫	一三九1	三七八3	三八〇3	

和訓	漢字	宝本所在	観本所在	天本所在	注記
ヲ					
ヲ					↓オ
ヲ	扵	七九7	三二六5	三二八5	
ヲカシ	肆	四一7	二九三3	二九五3	
ヲカス	犯	一五一5	三八九3	三九一3	ス×
ヲカツラ	楓	一一三3	三五五7	三五七7	
ヲカム	拝	五三7	三〇三7	三〇五7	
ヲキノル	貸	二八2	二八一3	二八三3	
ヲケ	桶	一二九5	三七〇1	三七二1	
ヲケラ	朮	一三五4	三七五2	三七七2	
ヲコカス	掐	七九2	三二五8	三二七8	ス×
ヲコク	頤	三〇5	二八三4	二八五4	
ヲサ	長	四一5	二九三1	二九五1	
	櫂	一一五6	三五七8	三五九8	
	猜	一五六1	三九三2	三九五2	
ヲサフ	拗	五七4	三〇六8	三〇八8	
	抧	六九6	三一七6	三一九6	ヲ×、ヲサフ馬
	揲	七二5	三二〇2	三二二2	揲×
	擁	八七3	三三三1	三三五1	

ヲサム	艅	八5	二六四2	二六六2	
	貯	二〇4	二七四5	二七六5	
	領	三一5	二八四3	二八六3	
	頎	三五4	二八七6	二八九6	
	修	四一2	二九二6	二九四6	
	揘	五一5	三〇一7	三〇三7	
	擊	五三7	三〇三7	三〇五7	
	摳	五四3	三〇四2	三〇六2	
	揖	五四3	三〇四2	三〇六2	
	擮	五四5	三〇四4	三〇六4	
	攕	六三6	三一二4	三一四4	
	拾	六四1	三一二6	三一四6	拾×
	擓	六四7	三一三4	三一五4	
	撿	六五4	三一三8	三一五8	
	拱	六九4	三一七4	三一九4	ヲサム手
	揣	七〇1	三一七8	三一九8	
	扱	七〇6	三一八5	三二〇5	
	撒	七七1	三二四1	三二六1	
	振	八一6	三二八2	三三〇2	
	揘	八二4	三二八7	三三〇7	
	扠	八二7	三二九2	三三一2	サム×
	挑	八三6	三二九8	三三一8	
	折	八六6	三三二5	三三四5	

	撥	八六7	三三二6	三三四6	
	撰	九〇7	三三六2	三三八2	
	採	九一5	三三六7	三三八7	
	搆	九二7	三三七8	三三九8	字形小異
	接	九三6	三三八5	三四〇5	
	拂	九四3	三三九1	三四一1	
	柎	一一〇7	三五三6	三五五6	
	相	一三三3	三七三3	三七五3	
ヲシフ	擳	五八5	三〇七8	三〇九8	
	撕	六四1	三一二6	三一四6	
	擿	七〇3	三一六2	三一八2	
	撝	八八4	三三四1	三三六1	
	授	九五1	三三九6	三四一6	
	槗	一四六3	三八四6	三八六6	シ×
ヲソ	獺	一五三5	三九一1	三九三1	
ヲソル	搆	九三1	三三七8	三三九8	ヲソル×、字形小異
ヲツク	瞜	二八6	二八一7	二八三7	
ヲトカヒ	頷	三一5	二八四3	二八六3	カ×
ヲトル	艤	八5	二六四2	二六六2	
ヲノコヤモメ	鰥	一六1	二七〇6	二七二6	ノ×、ヤ×
ヲノノエ	柲	一三一1	三七一3	三七三3	ヲノ、エ
	柯	一四〇6	三七九7	三八一7	ヲノ、エ
ヲノノク	擲	八七3	三三三1	三三五1	ヲノ、ク

和訓	漢字	宝本所在	観本所在	天本所在	注記
ヲハリ	末	一三三6	三七三6	三七五6	リ傍書
ヲハル	末	一三三6	三七三6	三七五6	
ヲフ	擯	五七5	三〇七1	三〇九1	
ヲフネ	艇	五6	二六一6	二六三6	ヲフ子、訓重出
	艑	七4	二六三2	二六五2	
ヲホネ	尾根	一一〇5	三五三4	三五五4	「尾—」ヲホ子
ヲモカケ	強顔	二九2	二八二2	二八四2	「強—」
ヲモツラ	籠頭	二九2	二八二2	二八四2	「籠—」
ヲリ	捁	五三4	三〇三4	三〇五4	ヲリ牛馬
	檻	一三〇6	三七一1	三七三1	
ヲル	掝	五五2	三〇四8	三〇六8	
	挫	七六6	三三三7	三三五7	
	折	八六5	三三二4	三三四4	
	撓	八九4	三三四8	三三六8	
	析	一三四4	三七四3	三七六3	
ヲレヌ	擗	八二6	三二九1	三三一1	字形小異

和訓	漢字	宝本所在	観本所在	天本所在	注記

あとがき

大学院で国語史の演習に『宝菩提院本類聚名義抄』の解読を取り上げたのは、平成八年度のことであった。マイクロフィルムに撮影されて大正大学の図書館に保管されていることを知り、またそれとは別に直接コピーにとったものもあることを知った。そのコピーを使って大学院の国語史の演習で解読を始めた。院生の多くは国文学専攻であったので、この演習ではだいぶ苦労したようだった。

平成十四年十月、念願であった全ページの複製を刊行することができた。そのあとも解読の演習を進め、平成十七年度でようやく最終ページまで読み終わることができた。

解読の作業を進めるうちに、この辞書の和訓索引を作ると、国語史の資料としての利用価値が高まると考えるようになった。毎年夏休みに、院生たちと合宿演習を行なっていたので、平成十六年の夏の合宿は和訓索引のためのカードを採る作業にあてた。その後も機会をみてはカードを採り続け、十六年度中に一応のカード化が終わった。

印刷にあたって困ったのは活字が揃わないことであった。正字・旧字ならばそれほど苦労せずとも揃うのであるが、異体字が多く、中には奇怪とも思えるような漢字が出てくるので、既存の活字ではとうてい足りないことが明らかであった。

組版を三省堂印刷に依頼することにして、早い段階から活字の制作について三省堂印刷の協力を仰いだ。新規に作成を要する漢字を書き出したところ、一千本にも及ぶほどであった。これでは莫大な経費がかかり出版の目処が立たなくなる。そこで、検索のためという目的に絞ったとき、どの程度まで我慢できるかが問題となった。索引にはページ数と行数を示すので、どの漢字かということが確認できればよしとすることで妥協し、新たに制作する活字をある程度減らすことにした。

平成十七年度の夏休みにカード原稿の整理を終わって三省堂印刷に渡し、初校が十一月に出た。校正に取り掛かり、年末には一通りカードとの照合が終わった。再校以後は校正と逆引きとを並行して進め、なんとか年度内の刊行に漕ぎ着けることができた。『宝菩提院本類聚名義抄』の全ページを読み終え、和訓索引を作って、取り敢えずは一段落ついた感じになった。

十年間にわたる演習の中では、いろいろと記憶に残るような出来事があった。その中の愉快なエピソードを一つ。解読を始めたばかりのことであった。この辞書は「舟」の部から始まっている。一丁裏に「苦―」という項があった。親字は「船」なので「苦船」という熟語であることはすぐ分かる。その注記に、「フナヤモヒ／病類」とある。船に関わる病気とはなんだろうと考えているうちに、誰かが「あ、分かった、船酔いのことだ」と言ったのである。なるほど船で苦しむのは船酔いだろう。するとすかさず他の者が、「それじゃ二日酔いはサカヤモヒだ」と言ったのでどっと大笑いになった。以後、このゼミでは二日酔いはサカヤモヒで通るようになってしまった。

この演習には大学院を終わって就職してからも、オブザーバーで参加を続けるOBが何人もいた。今年度で解読の演習が終わり、何だか淋しいような気がすると言う。索引の刊行記念会にはきっとOBたちも集まるに違いない。

この索引を作るにあたって、和訓のカード採りに協力してくれたのは、秋本美和、市原憲雄、稲葉浩之、大駒晴江、原劢、和田桂の諸君であった。和田さんと稲葉君はその後もカード整理から校正まで手伝ってくれ、さらに厄介な逆引きは和田さんが一手に引き受けて作業を進めてくれた。ここに記して御礼申し上げる。三宅島には豊漁と海の安全を願って船祝いという行事があるという。宝菩提院本の解読や索引作成に関わってきた院生諸君の、人生という海への船出に当たり、大いなる活躍と健康を願ってフナヤモヒならぬフナイハヒを催したいと思う。

三省堂印刷の技術者の皆さんは、見慣れない漢字ばかりの面倒な組版を実現してくださった。さぞ煩わしいことであったであろう。誠に感謝に堪えない。

こうしてこの索引は、関係者の協力によって出来上がった。みなさん本当に有難う。

注意を払って作ったつもりではあるが、読み誤りや不備なところが多いことであろう。至らぬ所はご指摘下さるようお願い申し上げる。この索引が、今後多くの研究者によって利用されるならば、編者としてまた一段と嬉しいことである。

本索引は、大正大学から平成十六年度学術研究助成金を、また平成十七年度学術出版助成金の交付を受けた。ここに記して感謝の意を表す。

二〇〇六年二月

編者識

倉島節尚（くらしま　ときひさ）
1935年長野県生まれ。1959年東京大学文学部国語国文学科卒業、三省堂に入社。辞書編集部員として長年国語辞典の編集に携わる。『大辞林（初版）』編集長、出版局長、常務取締役を経て、1990年大正大学文学部教授。
辞書関係の著書に、『辞書は生きている』（ほるぷ出版）、『辞書と日本語』（光文社）、『宝菩提院本類聚名義抄』（大正大学出版会）。共編著に、『日本辞書辞典』（おうふう）、『幕末の日本語研究　S.R.ブラウン会話日本語―複製と翻訳・研究』『幕末の日本語研究　W.H.メドハースト英和・和英語彙―複製と研究・索引』『新小辞林（第五版）』（以上、三省堂）ほか。

宝菩提院本　類聚名義抄　和訓索引
二〇〇六年三月二五日　第一刷発行

編　者　倉島節尚（くらしま・ときひさ）
発行者　大正大学　星野英紀
発行所　大正大学出版会
〒一七〇－八四七〇
東京都豊島区西巣鴨三－二〇－一
電　話（〇三）三九一八－七三一一
ＦＡＸ（〇三）五三九四－三〇三七
印刷所　三省堂印刷株式会社

不許複製　©T.KURASHIMA 2006　Printed in Japan

ISBN4－924297－38－0